MARCO POLO

1re SÉRIE IN-8.

LA SCIENCE POPULAIRE

MARCO POLO

SA VIE ET SES VOYAGES

PAR S. DUCLAU.

LIMOGES
EUGÈNE ARDANT ET Cie, ÉDITEURS.

MARCO POLO

Si nous voulons nous rendre compte de l'état actuel de la surface de notre planète, qui est certainement celui qui nous importe le plus de connaître, nous devons nous adresser aux relations des voyageurs contemporains et aux écrits des géographes, qui ont compulsé et résumé les travaux de tous leurs devanciers. Mais si les récits des voyageurs anciens ne présentent pas dans la même mesure cet intérêt d'actualité, ils n'en sont pas moins dignes d'attention à un autre point de vue. Les tableaux qu'ils retracent à nos yeux, ne sont en effet autre chose que les grandes découvertes et les progrès des connaissances géographiques, qui **ont si** profondément modifié les conditions morales politiques et économiques de l'Europe.

Représentez-vous la société européenne du moyen-âge, comprise en elle-même, absorbée par ses propres querelles. Son horizon le plus lointain ne dépasse pas le monde musulman, qui avait failli l'engloutir quelques siècles auparavant. Jugez quelles commotions profondes durent produire dans son sein ces révélations inattendues de peuples innombrables et ignorés, de continents nouveaux, de civilisations qui n'étaient même pas soupçonnées. — Ce sont d'abord (de 1412 à 1486) *les étranges nouvelles relatives aux innombrables peuplades noires de l'Afrique occidentale*; — puis, en 1493, la grande nouvelle rapportée du couchant par Colomb : *tout un Nouveau-Monde découvert sans le vouloir et en cherchant autre chose*; — puis un autre jour, à cinq ans de là, en 1498, la nouvelle rapportée du levant par Gama : *les véritables Indes retrouvées*; puis, quinze

ans plus tard, en **1513**, la nouvelle de Balboa;
*un second Océan atlantique aperçu à l'ouest
du Nouveau-Monde*; — puis, neuf ans après,
la grande nouvelle de Magellan ou de son
vaisseau: *le nouvel Océan atlantique et l'ancien, rejoints l'un à l'autre; la découverte
de Colomb rattachée à celle de Gama, la
planète terrestre tournée pour la première
fois dans tout son circuit;* — enfin, au siècle suivant (de 1616 à 1629), la nouvelle des
Hollandais : *la découverte d'un second Nouveau-Monde au sud de l'Asie;* — mais surtout et bien avant toutes ces nouvelles, la
nouvelle qui les précède et les surpasse : la
nouvelle apportée à Venise dès l'année 1295;
la nouvelle de Marco Polo : cette nouvelle à
laquelle l'Europe devra, deux cents ans après,
et les nouvelles Indes et les anciennes Indes,
et Colomb et Gama et Magellan.

Donc en 1295, de retour dans sa patrie
après une absence de 27 ans, *Marco Polo*
annonça à ses contemporains qu'à l'orient de
l'Europe, au delà des régions soumises à la

domination musulmane, il existait un empire immense, composé de provinces plus
grandes chacune que l'Europe entière, admi-
rablement policées, avec de populeuses cités,
et des populations innombrables, obéissant
à *Cublai-Khan*, sixième successeur du ter-
rible conquérant tartare Gengis-Khan, plus
puissant que tous les rois chrétiens et sarrasins, et que tous les empereurs du monde.

Le livre où sont retracés les récits de Marco
Polo, débute par une préface qui rend un
éclatant hommage à la véracité du voyageur
et témoigne hautement de la confiance qu'au
milieu de l'incrédulité universelle, il avait
du moins inspiré, à Gênes, à l'un de ses
compagnons de captivité; la voici :

« Seigneurs emperaor et rois, ducs et marquis, contes, chevaliers et barons et toutes
gens qui voulez savoir les diverses générations (les diverses races) des hommes et
les diversités des diverses régions du monde,
— prenez ce livre et le faites lire, et vous y
trouverez toutes les grandissimes merveilles

et les grandes diversités de *Grande Arménie et de Persie*, et de *Tartarie*, et de *Indie* et de mainte autre province ; comme messire MARC POL, sage et noble citoyen de Venise le raconte, parce que de ses yeux même il l'a vu, ou le tient d'hommes de vérité et citables ; et pour cela nous mettrons la chose pour vue et l'entendue pour entendue, pour que notre livre soit droit et véritable, sans nul mensonge ; et tous ceux qui ce livre liront ou entendront, le doivent croire, parce que ce sont toutes choses véritables. *Car je vous fais savoir que depuis que notre Sire Dieu pétrit Adam notre premier père jusques à ce jour, il ne fut Christien, ni Payen, ni Tartare, ni Indien, ni nul homme de nul génération, qui tant sût ni cherchât des diverses parties du monde et des grandes merveilles comme cesti messire Marc en cherche et sait* ; et pour cela, se dit-il à lui-même, que trop serait grand dommage s'il ne faisait mettre en écrit toutes les grandes merveilles qu'il vit ou entendit pour vérités ; pour que les autres gens qui

ne le virent ni ne le savent, le sachent
par ce livre, *et si vous dis* (et ainsi je vous
dis) qu'il demeura à ce savoir en ces diverses parties et provinces bien vingt et six
ans; *et depuis, demeurant en la prison de
Gênes, il fit retraire toutes ces choses à messire Rusticien de Pise qui, en cette même prison était,* au temps qu'il y avait 1298 ans
que Jésus eût vécu. »

Avant de nous mettre à parcourir l'Asie
avec Marco Polo, il nous faut connaître les
circonstances qui avaient précédé et amené
son voyage, c'est-à-dire l'histoire de son
père et de son oncle.

En 1250 (ou 1252), deux Vénitiens *Nicolao Polo* et *Maffeo* ou *Mathieu Polo*, conduisent un navire chargé de marchandises
précieuses à Constantinople, où régnait
alors l'empereur Baudouin II. En 1256,
après s'être heureusement défait de leur car-
gaison et l'avoir échangée contre des bijoux
et des joyaux, ils se rendent par mer à *Sol-
dadie*; puis de là, *chevauchant,* ils arrivent

auprès de *Barca khan* « qui Sire était d'une
partie de Tartares à *Bolgara* et à *Sara* », au
nord de la mer Caspienne, près l'embou-
chure du Volga.

« Ce Barca leur fait grand accueil et a
moult grande liesse (très-grande joie) de
leur venue. » Il leur paie leurs joyaux au
double de la valeur. Survient une guerre
entre Barca et l'un de ses cousins, qui inter-
dit à nos marchands de bijoux le retour par
le même chemin ; ils se rendent alors à l'est
de la mer Caspienne, « à une cité qui a nom
Oucaca », puis passent le fleuve de *Tigri* et
traversent un désert de dix-sept journées de
long, « ne trouvant villes, ni châteaux,
mais seulement Tartares, avec leurs tentes,
qui vivaient de leurs bêtes. » Ils arrivent
ensuite à *Boccara*, « cité moult noble et
grande, la meilleure qui fût en toute la
Persie » ; impossible de pénétrer plus avant,
ni de retourner en arrière ; ils restent trois
ans à Boccara.

Pendant leur séjour en cette ville, vient à

passer un *messager* (un ambassadeur) envoyé au grand Sire de tous les Tartares, *Cublai*; les Vénitiens lui sont présentés, l'étonnent et lui plaisent : « Seigneurs, fit–il aux deux frères, si vous me voulez croire, vous en aurez grand profit et grand honneur; — bien volontiers, répondent–ils. Le messager reprend : je vous dis que le grand Sire des Tartares ne vit oncque (jamais) nul Latin, et a grand désir et volonté d'en voir ; et, pour ce, si vous voulez venir avec moi jusqu'à lui, je vous dis qu'il vous verra moult volontiers (très–volontiers) et vous fera grand honneur et grand bien, et vous pourrez venir saufs avec moi, sans nul encombre. »

Nos deux Latins ne demandent pas mieux; ils partent avec le messager, *chevauchent* vers le Nord et le Nord–Est pendant douze mois « trouvant grandes merveilles et diverses choses. » Ils arrivent enfin auprès du grand khan qui leur fait grand'joie et grand'fête et leur adresse mainte question : pre-

mièrement sur leurs empereurs, **comment
ils manient leur Seigneurie et leur terre** en
justice ; comment ils vont à bataille, et toutes leurs affaires ; et, après, sur les rois, les
princes et autres barons ; et, après, sur messire l'apostole (le pape), sur **tous les faits de**
la *Yglise romane* et sur toutes les coutumes
des Latins... Et quand le grand Sire, qui
avait nom *Cublai khan*, qui était seigneur
de tous les Tartares et de toutes les provinces et royaumes et régions de cette grandissime partie du monde, a entendu tous les
faits des Latins, comme les deux frères lui
avaient dit bien et apertement, cela lui plaît
outre mesure. Il se dit à lui-même qu'il en-
verra des messagers à l'*apostole*, et adonc
(alors) il prie les deux frères d'aller en cette
messagerie avec un de ses barons. Ils lui
répondent qu'ils feront tout son commandement comme de leur seigneur lige. » Le
grand khan leur remet une lettre par laquelle il demande au pape cent hommes sages de la christienne loi et qui encore sa-

chent les sept arts ɔt qui bien sachent dis-
puter et montrer apertement aux idres (aux
idolâtres) *et aux autres espèces de gens,*
comment les choɛes qu'ils tiennent en leur
maison et qu'ils adorent, sont œuvres du
diable et qui bien sachent montrer clairement,
par raison, que la loi christienne est meilleure que la leur. » Il charge en outre les
deux frères de lui rapporter de l'huile de la
lampe qui est « sur le sépulcre de Dieu, en
Jérusalem. » — Ils partent; une tablette
d'or leur sert de passeport et leur assure
partout nourriture, logement et escorte.
Leur compagnon Tartare tombe malade en
chemin; quant à eux, ils poursuivent leur
route et arrivent enfin à *Laias,* l'un des
ports de la petite Arménie. « Et je vous dis
qu'il leur fallut pour cela aller trois ans, et
cela advint parce qu'ils ne pouvaient toutes
fois chevaucher par le mauvais temps et par
les neiges et par les fleuves qui étaient
grands. » De ce port, ils s'embarquent pour
Acri (St-Jean-d'Acre) où ils parviennent en
avril 1269.

Le pape Clément IV était mort en novembre 1268 et son successeur n'était pas encore nommé. Les deux frères exposent leur mission au légat de Syrie Tibalte de Plaisance, qui leur conseille d'attendre (1) : « *Quand pape sera,* leur dit-il, vous pourrez faire votre ambassade. » En attendant, ils retournent à Venise « voir leur *mesnie.* » Ils y trouvent bien du nouveau, après si longue absence. La femme de Nicolao, qu'il avait laissée enceinte, était morte, lui léguant un fils, qui avait bien pu se croire tout à fait orphelin ; ce fils, nommé *Marco,* avait alors dix-sept ou dix-neuf ans.

Les deux ambassadeurs du grand khan attendent deux ans à Venise qu'*apostole soit* ; puis « voyant que *apostole ne se faisait,* » et craignant de lasser la patience de leur maître, ils quittent une seconde fois leur ville natale pour Négrepont et Saint-Jean-

---

(1) « Quand le légat a entendu ce que les deux frères lui ont dit, il s'en émerveille fort et il lui semble que ce soit grand bien et grand honneur pour la chrétienté. »

d'Acre. Inutile de demander si leurs récits
avaient enflammé l'imagination du jeune fils
de Nicolao et s'il était cette fois de la partie.

De Saint-Jean-d'Acre, ils vont à Jérusalem chercher de l'huile de la lampe du Christ,
puis reviennent dire adieu au Légat, et partent sans avoir pu remplir leur mission. Sur
ces entrefaites, ce Légat est lui-même fait
pape sous le nom de Grégoire; il envoie
après eux; ils reviennent encore une fois à
Acre, « vers messire l'apostole, *et s'humilient moult* (beaucoup) *vers lui.* » Le nouveau pape leur adjoint deux frères prêcheurs,
les plus sages de la province, leur donne
toutes les lettres nécessaires pour le grand
khan et sa bénédiction. Ils repartent défini-
tivement vers la fin de 1271. L'invasion de
l'Arménie par le soudan de *Babylonie*,
effraie les deux frères prêcheurs et les fait
renoncer au voyage.

« Messire Nicolao, messire Mafeo et Marc
se mettent à la voie (en chemin) et chevauchent tant, et de printemps et d'été, qu'ils

arrivent auprès du grand Khan qui alors
était à une cité appelée *Cléminfu*, moult
riche et grande... Et ainsi sachez qu'il leur
fallut aller trois ans et demi par les chemins
et par la pluie et par les grandes rivières,
parce qu'ils ne pouvaient chevaucher d'hiver
comme d'été. « Une maladie du jeune Marco
les avait retenus un an à *Balk*, pays de Ba-
dash Khan ; ils avaient gravi les monts de
Belour, passé par la ville de *Kaschgar*, traversé en trente jours le désert de *Lop* et de
Gobi, et pénétré dans le nord de la Chine.
« Et je vous dis pour vérité que quand le
grand Khan sait que messire Nicolao et messire Mafeo viennent, il envoie ses messages
au-devant d'eux à quarante journées au
moins et ils furent moult servis et honorés
de tous. Et que vous en dirais-je ? quand
messire Nicolao et messire Mafeo et Marc
sont venus en cette grande cité, ils s'en vont
au maître palais, là où ils trouvent le grand
Khan, en moult grande compagnie de barons
(d'hommes). *Ils s'agenouillent devant lui et*

s'humilient tant comme ils peuvent. Le grand
Khan les fait relever, les reçoit honorable-
ment et leur fait grand'joie et grand'fête ; »
les premières questions satisfaites, les deux
frères présentent au grand Khan les lettres
du pape et la sainte huile, « de quoi il fit
grand'joie et la tint moult chère. » Aper-
cevant Marco, il demande qui est ce jeune
homme : « Sire, fait messire Nicolao, il est mon
fils et votre homme. — Bien soit-il venu, fait
le grand Khan... Ils demeurèrent en la cour,
et eurent honneur sur les autres barons. »

Placé dans la maison de *Cublai,* Marco y
fait rapidement son chemin. « Or il advint,
dit le vieux narrateur, que Marc *emprend si
bien le costume* (la coutume) *des Tartares,
et leur langage et leurs lettres que, peu de
temps après sa venue en la cour du Grand
Seigneur, il sait de quatre langages, lettre
et écriture.* Il étoit sage et provéant (prévoyant) outre mesure, et le grand Khan lui
voulait grand bien pour la bonté qu'il voyait
en lui et pour sa grand'valeur. »

Le grand Khan l'envoie en message vers une terre qui demande six mois de voyage. « Le jeune bachelier fait son ambassade bien et sagement; » il fait en outre quelque chose dont ses confrères de Tartarie ne s'avisent pas et dont le grand Khan lui sait beaucoup de gré : il observe avec soin les coutumes et les usages des contrées lointaines tout récemment soumises et à peine connues de nom du conquérant tartare ; « toutes les manières et toutes les étranges choses qu'il voyait, il mettait son *entend* pour qu'il les sût redire au grand Khan. »

« Et pourquoi vous ferais-je long compte? Sachez tout voirement que messire Marc demeure avec le grand Khan bien dix-sept ans, et pendant tout ce temps, il ne cesse d'aller en *messagerie*; car le grand Khan, qui voyait que messire Marc lui apportait nouvelles de toutes parts et qu'il menait à bien toutes les besognes pour lesquelles il l'envoyait, — pour cette raison, toutes les bonnes messageries et toutes les lointaines,

il les donnait à messire Marc; et messire
Marc, achevait moult bien la besogne et il
savait dire mainte nouvelté et mainte étrange
chose; l'affaire de Messire Marc plaisait
lant au grand Sire que le grand Sire lui
voulait grand bien; il lui faisait si grand
honneur et le tenait si près de lui que les
autres barons en avaient grande envie. Co
fut la raison pour laquelle messire Marc sut
plus des choses de cette contrée que nul autre
homme, qu'il chercha plus de ces étranges
parties que nul homme qui jamais naquit et
encore qu'il mit plus son *entend* à ce savoir. »

Les Polo assistèrent à la conquête de la
Chine méridionale par Cublai Khan; une
ville vainement assiégée depuis trois ans ne
fut prise qu'à l'aide de leurs connaissances
de balistique (1). Marco Polo fut en outre
chargé pendant trois ans du gouvernement

---

(1) « Messire Nicolao et son frère et son fils qui avaient
en leur maisonnée un *Allemand* et un *Christien nestorien*
qui bons maîtres étaient de ce faire, leur dirent qu'ils fissent

de l'une des neuf provinces conquises.

Après leur dix-sept ans de service, les trois Vénitiens voulaient obtenir leur congé; il leur tardait de rentrer dans leur pays. « Ils demandent plusieurs fois parole au grand Khan et l'en prient moult doucement; mais le grand Khan les aimait tant et les tenait si volontiers autour de lui qu'il ne leur donnait parole pour rien au monde. » — Un prétexte se présenta cependant à la fin, pour leur départ. Trois ambassadeurs étaient venus demander à Cublai, pour le roi de Perse Argon, pour « le Sire du Levant », une femme de la famille de la défunte reine. Cublai leur avait livré une jeune fille de dix-sept ans « moult bien et avenante; » ils allaient s'en retourner par où ils étaient venus, lors-

deux ou trois machines qui jetassent pierres de trois cents livres. Et ces deux firent trois belles machines... Et quand les machines sont venues à l'armée, devant la cité de *Saianfu* ils les font dresser, et aux Tartares cela sembla la plus grande merveille du monde. Et que vous en dirais? Quand les machines sont dressées et tendues, adonc jette-t-on une pierre dedans la ville. La pierre bat les maisons, et romp et gâte toute chose et fait grand rumeur et grand tumulte. » Les habitants effrayés se rendent aussitôt.

qu'arrive Marc Pol « qui s'en revient de l'Inde, *par moult diverses mers* et conte mainte nouvelle de cette contrée. » L'idée vient aux ambassadeurs d'emmener pour plus de sûreté leur future reine par mer et de prendre les trois *sages Latins* avec eux. « Le grand Khan qui *tant aimait cesti trois,* comme je vous ai conté, leur fait à grand regret cette grâce, et donne permission aux trois Latins d'aller avec ces trois barons et cette dame.

« Et quand le grand Khan voit que messire Nicolao et messire Mafeo et messire Marc doivent partir, ils les fait venir tous les trois devant lui et leur donne deux tablettes d'or avec commandement qu'ils soient francs par toute sa terre et que, là où ils iront, ils aient la dépense pour eux et leur maison ; et ils les charge d'ambassade pour l'Apostole et le roi de France et le roi d'Espagne et les autres rois de christienté ; puis il fait appareiller quatorze nefs (navires), lesquelles avaient chacune quatre arbres

(mâts) et mainte fois allaient à douze voiles...
Ils se mirent à la mer et naviguèrent bien
trois mois, tant qu'ils vinrent en une île qui
est vers le midi et a nom *Java*, en laquelle
il y a mainte merveilleuse chose. Puis ils
partirent de cette île et je vous dis qu'ils naviguèrent bien par la mer de Indie dix-huit
mois avant qu'ils fussent venus là où ils
voulaient aller et trouvèrent mainte grande
merveille... Et je vous dis sans faille (sans
exagération) que quand ils entrèrent en ces
nefs, ils étaient bien six cents personnes,
sans les mariniers : tous moururent, excepté
seulement dix-huit. » Ils débarquent à
Ormus après avoir longé les côtes de la
Chine, passé entre *Sumatra* et la presqu'île
de *Malacca,* pris terre à l'île de *Ceylan,*
doublé le cap *Comorin,* traversé l'*Océan indien* et remonté la côte de *Malabar.* Le roi
de Perse, Argon, était mort; sa fiancée fut
conduite à son fils *Cazan,* sur la frontière
du nord-est; après quoi, nos trois voya-

geurs, « leur besogne faite **(1)** se remirent en route pour le retour. En chemin ils s'arrêtent encore neuf mois à *Touris*, à l'ouest de la mer Caspienne, à la cour du Régent *Achatu*, lequel leur donne pour passe-port quatre tablettes d'or armoiriées « deux de *gerfaut*, une de *lion* et l'autre *plane*, qui disaient en leur écriture que cesti trois voyageurs fussent honorés et servis par toute sa terre comme son corps même et que chevaux et toute dépense et toute escorte leur fussent donnés. Et certes ainsi fut fait. Car je vous dis sans faille **que souvent** il leur était donné deux cents hommes à cheval... Et que vous en dirai-je? quand les trois messagers sont partis de *Touris,* ils chevauchent tant par jour, qu'ils arrivent à *Trébisonde;* et de

---

(1) Le narrateur insiste sur la confiance dont Cublai avait honoré en cette occasion les trois étrangers et sur les soins paternels dont ils entourèrent jusqu'à la fin la jeune fille « qui moult était jeune et belle et tenait ceux-ci pour père et ainsi leur obéissait.... Il n'est chose qu'elle ne fit pour eux comme à sien père même. Car sachez que quand cesti trois messagers se partirent d'elle pour retourner en leur pays, elle pleura de pitié pour leur département. »

Trébisonde ils s'en viennent à *Constantino-ple*; de Constantinople à *Négrepont*; de Né-grepont à *Venise*; et ce fut en l'an *mil deux cent quatre-vingt-quinze* de l'incarnation de Christ. »

D'après une tradition vénitienne, les Polo, de retour dans leur patrie après vingt-six ans d'absence, ne furent plus reconnus de personne. Ils eurent beau se présenter à leur palais qu'ils trouvèrent occupé par leur famille, et se nommer, ils se virent traités d'imposteurs. Leur accoutrement bizarre, la couleur de leur peau, leur accent étranger, n'étaient pas auprès de leurs héritiers d'as-sez bons certificats; ils ne réussirent à prouver leur identité qu'en invitant à dîner le peu d'anciennes connaissances qui avaient survécu, et couvrant la table d'escarboucles, d'émeraudes, de diamants, apportés dans la doublure de leurs habits grossiers.

Marco Polo fut bientôt recherché de tous et accablé de questions. Il paraît qu'il ne se

faisait pas faute d'y répondre. Le surnom de
messire Millione qui lui fut donné, montre
de quels chiffres il se servait le plus souvent
pour caractériser les richesses de l'Orient.
Ramusio rapporte que, de son temps, le
palais de la famille Polo existait encore à
Venise dans la rue de Saint-Jean-Chrysos-
tôme et y était connu sous le nom de *Cour
des millions.*

Quelques mois après le retour de nos
voyageurs, une flotte génoise parut dans
l'Adriatique. Quatre-vingt-dix galères véni-
tiennes furent envoyées contre elle et battues.
L'une d'elles avait été confiée à Marco Polo.
Marco fut lui-même blessé et fait prisonnier,
avec le chef de l'expédition *André Dandolo,*
et conduit à Gênes.

Sa captivité, qui dura quatre ans, mit le
sceau à sa célébrité ; les Génois l'admiraient
et recueillaient avidement ses récits sur toutes ces régions mystérieuses, sur tous ce.
arbres inestimables qu'ils ne connaissaient

que par l'écorce ou le fruit (1). Ennuyé sans
doute de toujours répéter la même chose et
espérant aussi peut-être de la part de la
postérité un peu plus de confiance qu'il n'en
obtenait de la part des questionneurs de son
temps, Marco fit venir ses notes de Venise
et dicta en 1298, comme vous l'avez vu, sa
relation à un Pisan, « qui dans la même prison était », ou bien, selon d'autres, à un
noble de Gênes.

Voilà à peu près tout ce que l'on sait de
Marco Polo : son testament est daté de 1323;
passé cette année, l'on n'a plus de ses nouvelles (2).

Quant à sa relation, elle est entourée de
beaucoup d'obscurité; on discute encore la
question de savoir en quelle langue il l'a dic-
tée, bien que tout porte à croire que ce fut

---

(1) Qui sait si ce n'est point aux traditions transmises de
père en fils à Gênes et reçues dès l'enfance, que Colomb
dut cette foi si sincère qui lui fit tout braver pour vérifier
les dires de Marco Polo?

(2) Il n'existe pas de portrait authentique de Marco Polo.

dans sa langue maternelle. On en multiplia
les copies, les abrégés, les traductions. Toutefois comme la première édition imprimée
ne fut faite que *deux cents ans* après la première copie, les altérations eurent tout le
temps de s'introduire dans les traductions ou
dans le texte. La Bibliothèque nationale possède outre trois manuscrits latins, deux manuscrits français de la relation de Marco
Polo : l'un du XIVe siècle, grand in-folio
vélin, orné d'une quantité de belles vignettes;
l'autre qui paraît plus ancien, et contient
tout le texte que renferme le premier, plus
vingt-huit chapitres qui ne se retrouvent en
aucun autre, et, selon M. Etienne Quatre-
mère, ne peuvent être que de Marc Pol.
C'est à ce dernier manuscrit, publié en 1824,
avec un manuscrit latin, par la SOCIÉTÉ DE
GÉOGRAPHIE, que sont empruntés, à quelques
changements près, pour en faciliter la lecture,
les extraits que l'on vient de vous donner et
ceux qui vont suivre.

Cette relation si avidement recueillie,

transcrite, traduite, quelle créance obtenait-
elle? je vous l'ai déjà dit : aucune. Tout le
monde était persuadé que tout cela n'était
que pure fiction; cette conviction était celle
des parents même et des amis de Marco
Polo; à ce point qu'ils le supplièrent tous au
lit de mort de ne pas se jouer plus longtemps du public et de se rétracter; mais il
répondit : *qu'il n'avait pas dit la moitié des
merveilles qu'il avait vues.*

Notez que Marco Polo parlait sans cesse
de Tartares : et sous ce nom, qui ne repré-
sentait aux Européens qu'une multitude
sauvage, il décrivait un empire largement
doté de tous les attributs ordinaires de la
civilisation, cour somptueuse, hiérarchie
régulière, système d'élections graduées, armées permanentes. Ses personnages eux-
mêmes semblaient inventés à plaisir, son
Cublai Khan tout le premier. Le moyen, je
vous prie, de croire à la réalité de ce monar-
que problématique quand on voyait le voyageur lui prêter les rôles les plus contradic-

toires; faire tout à la fois de son héros un
conquérant destructeur et un religieux observateur des lois des vaincus; un chef de
hordes sanguinaires et le président du conseil des douze sages; en un mot, une sorte
d'empereur à double face qui, d'une part,
aurait encouragé et secondé les arts de la
paix, et de l'autre, attentivement entretenu
les habitudes de la guerre! mêmes doutes sur
ces centaines de villes dont la moindre eût
égalé, par le nombre de ses habitants, la
plus vaste capitale de l'Occident; mêmes
doutes sur ces immenses ouvrages publics
qui auraient dépassé tout ce que l'on rapporte des Egyptiens et des Romains; mêmes
doutes sur ces incalculables richesses que
messire Millione faisait écouler de toutes
parts dans les coffres de son prince; mêmes
doutes sur ces énormes enjambées de compas
par lesquelles, traçant à ses auditeurs son
itinéraire sur le sable, il interposait une
Europe ou deux entre Jérusalem et Cléminfu,
entre Cléminfu et les îles de l'Or; mêmes

doutes sur toutes les plantes miraculeuses
dont il ornait ces contrées, et sur les merveilleux oiseaux, qu'il créait, pensait-on,
tout exprès pour ces plantes.

Toutefois l'on vit peu-à-peu la Chine et le
Japon se hasarder à paraître sur les cartes
de la terre. Les cosmographes du quator-
zième et du quinzième siècles, tous quelque
peu juifs ou arabes, en étaient d'autant
moins éloignés de croire aux merveilles qui
ne rencontraient en Europe qu'incrédulité et
défiance; plutôt que d'en rien rabattre, ils
les eussent presque amplifiées de bon cœur,
répétant tout bas entre eux le mot de Marc
Pol : *qu'il n'avait pas dit la moitié de ce
qu'il avait vu.* — A force d'entendre ses
maîtres de Géographie parler avec assurance
de *Catay*, de *Mangi* et de *Cipangu*, l'Europe
lettrée finit par se familiariser avec le nom
et avec l'image de ces régions ignorées. C'est
ainsi que l'on vit ces mêmes régions intro-
duites par *Fra Mauro* sur la célèbre mappemonde qu'il fit entre 1457 et 1459, pour le

couvent de St.-Michel de Murano, près de
Venise (1).

Au temps de Colomb, c'est-à-dire en 1484,
on contestait encore la vérité des prestigieux
détails relatés par Marc Pol, mais le fond du
récit n'était plus mis en doute. On en était
arrivé à ce point que, pour achever de réha-
biliter la sincérité de notre voyageur, il ne
restait plus qu'à recommencer l'expérience;
on en était arrivé à ce point que cette véri-
fication dont nul n'eût osé parler en 1298,
paraissait alors aux chefs de l'Europe une
chose toute simple; ne rencontrant pas plus
d'obstacle que toutes les autres questions de
ce genre. On ne discutait plus sur la réalité
du but, mais sur le choix du chemin.

Il n'y avait pas à reprendre celui de Marc
Pol, désormais barré par les sectateurs de
Mahomet (2); la voie de terre était interdite.

(1) Cette mappemonde dont il existe un double exact à
Florence et dont les Anglais ont récemment fait prendre
copie, se voit aujourd'hui à Venise dans la Bibliothèque
St.-Marc.

(2) Et qui pis est par les plus barbares; la ville de Cons-
tantin était tombée au pouvoir des Turcs.

Quant à celle de mer, deux partis se présentaient : l'un (d'origine arabe, évidemment), proposé par les astronomes juifs des rois de Portugal, c'était d'esquiver la barrière musulmane, en tournant l'Afrique et de gagner l'Inde *et le reste* par l'est même, en dépit des Turcs. L'autre parti, né de l'érudition païenne et sorti de la lecture d'Aristote et de Pline sur la docte terre de l'Italie, c'était d'atteindre l'Inde sans détour, non par l'est mais par l'ouest. Tel était l'avis de *Paul* de Florence que consulta Colomb. — Il était réservé aux Portugais d'arriver les premiers à la solution du problème. Aristote ou Pline, Fra Mauro ou Paul de Florence, anciens ou modernes, personne n'avait pu prévoir l'obstacle qui devait arrêter Colomb. Il était réservé aux Portugais aussi de dépasser les premiers cet obstacle. Enfin, les premiers, les Portugais devaient toucher le rivage d'où étaient parties « *les quatorze nefs à quatre arbres* », qui avaient ramené Marc Pol. Soit par Gama, soit par Magellan, soit par Perez les premiers, les Portugais devaient, au nom de l'Europe, faire amende honorable à la mémoire du voyageur vénitien.

Une fois l'expérience refaite, ce fut à qui la recommencerait; l'aimant était assez fort pour attirer des navires de toute rade. Avec les marchands vinrent les missionnaires.

L'incrédulité des contemporains de Marc Pol a fait place à la juste confiance qu'il réclamait : « la relation de *Marc Pol*, écrivait en 1823 M. *Abel Rémusat*, la relation de Marc Pol si mal accueillie dans le temps, est une de celles qui jouissent de plus de faveur aujourd'hui. Aucune n'a exercé un plus grand nombre d'auteurs; aucune n'a été commentée plus souvent; aucune n'a mieux mérité cet honneur par la variété et l'étendue des notions de toute espèce qu'elle renferme. On avait taxé son auteur de fausseté et d'exagération; on a reconnu maintenant sa sincérité et son exactitude » (1).

(1) Nouveaux Mélanges asiatiques : tome 1er 1829; à propos du travail du cardinal *Zurla* sur Marco Polo.

« De tous les voyageurs qui antérieurement au xve siècle ont visité les parties orientales de l'ancien continent, écrivait le même savant en 1818, *Marc Pol* est le plus célèbre et le plus généralement estimé. Loin que sa réputation diminue par les progrès de la géographie positive, on trouve de nouvelles raisons d'admirer son exactitude et d'être persuadé de sa sincérité à mesure qu'on apprend à mieux connaître les pays qu'il à décrits. Ce n'est que peu à peu que l'on a pu se convaincre qu'observateur non moins scrupuleux que crédule, il n'a pas inventé une seule des fables qui se mêlent a sa narration et qu'il a toujours, comme *Hérodote*, rapporté avec la même fidélité les choses qu'il avait vues lui-même et celles qu'on lui avait contées » (1).

Le plus bel hommage à rendre à Marco Polo, ce serait assurément de le faire comprendre (2); ainsi pensa son commentateur an-

(1) Ibid. à propos du Marco Polo de M. *Marsden.*

(2) Un autre hommage que Marco Polo attendait encore.

 glais, M. *Marsden*, qui avait eu occasion, pendant un long séjour à *Sumatra*, de reconnaître
la parfaite vérité de ses descriptions. Il s'en
faut bien en effet que le texte de Marc Pol
soit entièrement expliqué, et qu'aujourd'hui,
même après tous les récents travaux que ce
texte a fait naître, l'on sache au juste et dans
tous les cas à quelles villes ou à quelles provinces s'appliquent les noms qu'il cite (1).

c'était que sa relation fut mise dans le plus grand nombre
de mains possible ; cet hommage que nous lui devions, est
celui que nous essayons ici de lui rendre.

(1) Le Jésuite portugais *Gabriel de Magalhaens*, faisait
observer avec beaucoup de justesse en 1668, que si Marco
Polo avait su la langue chinoise, comme il dit qu'il savait
la langue tartare, il aurait écrit avec plus d'exactitude les noms
des villes et des provinces et les autres choses qu'il rapporte : « Il ne faut pas s'étonner, ajoute-t-il, s'il corrompt
si souvent les noms *puisque nous-mêmes qui, en arri-
vant, nous attachons uniquement et avec une très-grande
application à la connaissance des lettres et de la langue
chinoises, — après plusieurs années d'étude, nous nous
trompons souvent et renversons une partie des mots.* On ne
doit donc pas être surpris si un cavalier qui ne se mêlait
que des armes et de faire sa cour au grand Khan et ne fré-
quentait que les Tartares qui, par leur peu de politesse, cor-
rompent les mots plus que les autres nations, est tombé
dans le même inconvénient. Il corrompt les noms de telle
sorte que ceux d'entre nous qui ont le plus de connaissance de la langue et de l'Empire, ont bien de la peine à en

« Les noms des villes de la Chine, et même
de la Tartarie, dit à ce propos M. Rémusat,
ont changé plusieurs fois depuis le temps de
Marco Polo ; et ceux qu'elles portaient sous
la dynastie des Mongols n'ont quelquefois
aucune ressemblance avec ceux qu'elles ont
à présent et qu'on entreprend d'y rapporter. »
Ainsi dans le *Pï-an-Fu* de Marc Pol,
M. *Marsden*, voit le *Phing-Yang-Fou* du
Chan-Si.. M. Rémusat fait remarquer que
Phing-Yang-Fou a porté successivement les
noms de *Ho-Toung, Thang-Tcheou, Phing-
Ho, Lin-Feu, Sin-Tcheou, Ting-Tchang,
Kian-Hioung, Tsin-Ning,* et n'a pris son
dernier nom que sous la dynastie des Ming,
cent cinquante ans après l'époque où Marc
Pol a pu la visiter. De là la nécessité de
consulter la table des noms successifs des
villes au tome XII de l'Histoire générale du
père Maill, ou dans le Hoang-Thou-Piao. »
Pour la Tartarie cette ressource manque ;
reconnaître quelques-uns : toutefois en examinant la situa-
tion des lieux et les autres circonstances qu'il en rapporte,
nous devinons aisément ce qu'il veut dire. »

non-seulement les noms ont été changés,
mais les villes, véritables quartiers généraux
de campement, ont été détruites. « *Kaschgur,
Khotan, Kamoul* servent heureusement de
point de départ et de ralliement au lecteur
qui veut suivre la route du voyageur à travers la Tartarie; mais tous les espaces inter-
médiaires sont des régions inconnues, non-
seulement pour celui qui voudrait les chercher sur les cartes des jésuites, mais même
pour celui qui aurait à sa disposition des ren-
seignements plus anciens et plus précis. Nous
possédons, ajoute M. Rémusat, la relation
d'un ambassadeur chinois qui, vers le milieu
du xe siècle, vint de la frontière de la Chine
à *Khotan,* en suivant précisément la même
route que Marc Pol, en sens inverse, et tra-
versant comme lui le pays des Tangutains et
une partie du désert qu'il décrit avec beaucoup de soin...

« Reconstruire la géographie de l'empire
Mongol, serait le chef-d'œuvre d'une personne
bien versée dans la lecture des géographes

chinois et capables de s'aider de tout ce que les Chinois et les Tartares ont écrits sur les événements dont la Haute-Asie a été le théâtre depuis le XIIIe siècle. »

C'est assez vous dire que nous ne l'essayerons pas ; il nous suffira de détacher du récit de Marc Pol les traits qui nous peuvent le mieux permettre de mesurer ce singulier effort d'un seul homme entre tant de millions de contradicteurs ; cet effort, pour faire enfin compter pour quelque chose « la plus belle et la plus anciennement civilisée des quatre parties du monde ; » effort impuissant et longtemps inapprécié, mais placé désormais où le placent et l'ordre chronologique et l'ordre logique : entre les efforts d'*Alexandre* et de *Christophe Colomb*. Répétons ici le mot qui se lit au frontispice du monument que la SOCIÉTÉ DE GÉOGRAPHIE a élevé a notre voyageur en tête de son Recueil : « *Marco Polo fut sincère en ses récits, mais un siècle plus éclairé lui manquait.* »

Ces récits, il est temps d'y entrer. Je vous

dirai comme le vieux narrateur : « Or puisque vous ai conté tout le fait du *prologue*
ainsi que vous avez ouï, adonc commence-
rai-je le *livre*. »

Avant de nous introduire dans les contrées
extrêmes de l'Asie orientale, la relation de
Marco Polo nous fait passer lentement en revue
tous les pays qui nous en séparent ; rien qui
rende mieux les distances sensibles, que ce
long inventaire des régions qui s'interposent
entre le point de départ du voyage et le but.

Dès les premiers pas, nous sommes parmi
les hommes que nous devons retrouver jusqu'au bout ; la *Petite-Arménie*, dans laquelle
le voyageur nous fait entrer d'abord, est
soumise aux *Tartares* ; c'est le débouché des
marchandises de l'Orient. « Il y a sur la
mer une ville qui est appelée *Laias*, laquelle
est de grande marchandise (de grand commerce) ; car sachez tous voirement que toutes les épices et tous les draps de fraterre

(de terre ferme, terre franche (1), terre libre
se portent en cette ville ainsi que toutes les
autres chères choses; et les marchands de
Venise et de Gênes et de toutes parts, **y**
viennent et **y** achètent; et tout homme et
tout marchand qui veulent aller en fraterre
prennent leur chemin de cette ville ! »

Nous passons de là dans la province de
Turcomanie. « En Turcomanie, il y a trois
sortes de gens : les *Turcomans* qui adorent
Mahomet et sont gens simples et de brut
langage, demeurant dans les montagnes et
dans les landes, où il y a de bonnes pâtures
et vivant de bestiaux; » les *Arméniens* et les
Grecs, « qui demeurent dans les villes et
châteaux et vivent de marchandise et d'art
(de commerce et d'industrie) », travaillant les
tapis les plus recherchés, les draps de soie
cramoisis.

Nous traversons ensuite la *Grande-Arménie* où campent aussi les Tartares, au milieu
des plus habiles tisseurs de laine et de soie.

(1) Une île est une terre emprisonnée.

Au nord de la Grande-Arménie, nous trouvons la *Géorgie*, qui, sous la domination
Tartare, fait aussi les draps de soie et les
draps dorés les plus beaux du monde. Toutefois la province « est toute pleine de grandes montagnes, d'étroits passages et de forts, »
que la conquête n'a pas soumis. « Les habitants sont Christiens et de la loi grecque. »

« Au midi et au levant de la Grande-
Arménie s'étend le royaume de *Mosul*, dont
une partie adore Mahomet ; l'autre partie
tient la loi christienne, mais non pas selon
que commande l'Eglise de Rome, car ils
faillent (ils pèchent) en plusieurs choses, et
sont appelés Nestoriens et Jacobites ; ils font
les draps de soie et les draps dorés. De là
sont les riches marchands appelés *mosulins*,
qui apportent les grandimes quantités de
toutes chères épices. » Les montagnes sont
occupées par des brigands « Christiens ou
Sarrasins. »

Nous suivons le cours du Tigre et nous
arrivons à Bagdad. « *Baudac*, dit le narra-

teur, est une grandime cité, où est le Calife
de tous les Sarrasins du monde comme à
Rome est le chef de tous les Christiens du
monde ; par la cité passe un fleuve moult
grand, et par ce fleuve peut-on bien aller en
la mer de *Indie* et y vont les marchands
avec leurs marchandises ; et sachez que le
fleuve est long de Baudac à la mer d'Indie
d'au moins dix-huit journées. » Le voyageur raconte par occasion la prise de Bagdad
par les Tartares, les immenses trésors qu'ils
y trouvèrent et comment ils firent périr de
faim le dernier calife au milieu de ses pièces
d'or ; puis il nous transporte à *Tauris.*

« Tauris est une grande cité, dit-il, qui
est en une province appelée *Yrac*, en laquelle
sont encore mainte cité et maint château ; la
ville est tout entourée de beaux jardins, de
délectables plaines, de maint bon fruit, et si
bien placée que de Indie et de Baudac et de
Mosul et de Cremosor et de maint autre lieu,
il y vient marchandises ; il y vient maint
marchand latin pour acheter les chères mar-

chandises qui viennent des étranges pays;
il s'y achète encore des pierres précieuses
qui se trouvent là en grande abondance. Ar-
miniens, Nestoriens, Jacobites, Géorgiens,
Persans s'y rencontrent; il y a aussi des
gens qui adorent Mahomet, ce sont les habitants de la ville; il s'y fait maint draps à or
et de soie de grand'vaillance. »

« *Persie*, continue le voyageur, est une
grandissime province, qui fut anciennement
moult noble et de grande affaire; mais à
présent les Tartares l'ont détruite et gâtée.
En Persie est la cité qui est appelée *Sava*,
de laquelle partirent les trois Mages quand
ils vinrent adorer Jésus-Christ... Messire
Marc demande à plusieurs gens de cette cité
sur l'être de ces trois Mages; mais nul n'y
eut qui en sût rien dire. » Quelques lignes
plus bas, le narrateur trouve dans l'histoire
de l'Enfant-Jésus, l'origine du *Culte du feu*
chez les *Parses*.

Vient ensuite l'énumération des *huit*

royaumes de Perse (1). Le voyageur vante les chevanx de Perse « chevaux de grand'-vaillance qui se vendent bien deux cents livres tournois», et les ânes de Perse « les plus beaux du monde qui valent bien trente marcs d'argent. » Il parle du commerce qui s'en fait avec l'Inde et cite encore ici « les draps dorés et draps de soie de toute façon. » Le commerce y est difficile, *protégé* par les Tartares ; le pays produit « assez de coton, beaucoup de froment et d'orge, de millet, de panic, de tout blé, de tout vin et de tout fruit, et je vous dis sans faille qu'ils tiennent tous la loi de Mahomet, leur Prophète. »

Avant de quitter la Perse, le voyageur nous arrête à *Jasdi*, « moult belle cité et de grande marchandise ; » c'est de là que viennent les draps de soie de ce nom. — « Celui qui part de cette cité pour aller en avant, chevauche sept journées toutes pleines ; et il n'y a que trois endroits où l'on peut s'hé-

(1) « *Casum, Cardistan, Lor, Cielstan, Istanit, Cérazi, Soucara, Tunocan,* tous au midi excepté le dernier qui est à l'est. »

berger; il y a mainte forêt où les marchands chassent en route ; il y a encore de très-beaux ânes sauvages. » Au bout de ces sept journées, l'on entre dans le royaume Persien de *Créman.* « Là naissent les pierres que l'on appelle Torchioses (Turquoises), et il y en a en grande abondance ; ils les trouvent dans les montagnes et les excavent dedans la roche ; il y a aussi assez de veine d'acier et d'*ondanique.* Ils travaillent moult bien tous les harnois de cavaliers : ce sont frein et selle, éperon, épée, arc et carquois et toute leur armure selon leur usance. Les dames et demoiselles travaillent moult noblement de l'aiguille sur drap de soie de toute couleur, à bêtes et oiseaux et beaucoup d'autres images. Dans les montagnes de ce pays naissent les faucons les meilleurs et les mieux volants du monde. »

Mais continuons notre route : « Quand l'on part de la cité de Créman, l'on chevauche sept journées, toutefois trouvant châteaux et villes et habitations assez, et il y a *trop bon chevaucher et de grand soulas* ; car il y a venaison assez et perdrix en abondance. Puis on trouve une grandissime montée et descente, car on chevauche bien deux journées au déclin... Anciennement il y avoit habitation, mais à cette heure, il n'y en a plus, mais on rencontre seulement gens avec leurs bestiaux qui paissent ; et de la cité de Créman à cette descente, il y a si grand froid d'hiver qu'à grand'peine échappe-t-on, grâce à ses draps et à ses pannes. »

Vient ensuite « une grandissime plaine ; et au commencement de cette plaine, est une cité qui est appelee *Comadi*, qui jadis fut grande et noble à merveille ; mais les Tartares l'ont dommagée à plusieurs reprises. La province est appelée *Réobarle* ; ses fruits sont : dattes, pommes de paradis, pistaches ; » le voyageur cite des francolins noirs et blancs rouges de bec et de pattes ; des bœufs blancs à cornes courtes et mousses, à petit pieds ; « entre les épaules, dit-il, ils ont une ziub (ou

bosse) ronde (1) haute de deux mains ; ils
sont la plus belle chose du monde à voir, et
se couchent comme le chameau pour rece-
voir leur charge. Il y a moutons grands
comme ânes et ils ont la queue si grosse et si
large qu'elle pèse bien trente livres. » Les
villes sont murées, pour se défendre des
courses des *Caraunas*, qui font la chasse aux
hommes et la traite; nés de mère indienne
et de père tartare, ces Caraunas « par leurs
enchantements et œuvres diaboliques » chan-
gent le jour en nuit, afin de piller à leur aise.
« Et *si vous dis* que messire Marc même fut
pris par cette engeance en cette obscurité;
mais il s'échappe à un château qui est appelé
Canosalmi; et de ses compagnons il en fut
pris assez qui furent vendusmis ou à mort...
Cette plaine dure vers le midi cinq journées.»

L'on trouve, après ces cinq jours de marche, une autre descente vingt milles de long
« et le chemin est moult mauvais, infesté de
brigands. » — Vient alors une autre plaine

(1) D'où le nom de Zébu.

« moult belle de deux journées de long, appelée la plaine de *Formose*... Il y a francolinset
papagaus (perroquets) et autres oiseaux qui
ne sont semblables aux nôtres ; et quand l'on
a chevauché deux journées l'on trouve la mer
océane et sur la rive il y a une cité qui est
appelée *Cormos* (Ormus), laquelle a port ; et
je vous dis que les marchands y viennent
de Indie avec leurs nefs, y apportant de toutes
les épiceries et des pierres précieuses et des
perles et des draps de soie et des draps dorés
et des dents d'éléphant et mainte autre marchandise ; et en cette cité ils la vendent aux
autres hommes qui, après, la portent par
tout le monde, vendant aux autres gens...
Il y a grandissime chaleur et cette terre est
malsaine ; et si un marchand d'autre pays y
meurt, le roi prend tout son avoir. En cette
terre se fait le vin de dattes et avec d'autres
épices assez, et il est moult bon... Leurs nefs
son moult mauvaises il en périt assez parce
qu'elles ne sont pas clouées avec pointe de
fer, mais cousues de fil qui se fait d'écorce

des noix d'Inde... Les gens sont noirs et
adorent Mahomet. Et encore je vous dis qu'ils
sèment le froment et l'orge et les autres blés
en novembre et qu'il l'ont récolté partout en
mars et ainsi de tous les fruits. Et vous ne
trouverez nulle herbe sur la terre, forts les
dattiers, qui dure jusqu'au mois de mai, et
cela advient par la grand'chaleur qui tout
brûle... Plusieurs fois en été vient un vent
du sablon d'alentour, qui est si démesurément chaud qu'il occirait l'homme. »

Mais retournons vers le nord à la cité de
Créman « parce que, nous dit Marc Pol, en
les contrées dont je vous veux conter, il ne se
peut aller sinon par cette ville de Créman. »

« Quand donc l'on part de Créman, on
chevauche bien sept journées de moult en-
nuyeux chemin ; il y a trois journées que
l'on ne trouve pas d'eau ou à-peu-près, et
celle que l'on trouve est salée et verte comme
pré, si amère que nul n'en pourrait boire.
Les hommes qui vont par là portent leur
eau avec eux. » Le voyageur insiste sur les

propriétés purgatives de cette eau ; « en toutes
les trois journées, dit-il, il n'y a nulle habitation, mais tout est désert et grande sécheresse. Bêtes il n'y a, parce qu'elles n'y trou-
veraient à manger. » Viennent ensuite quatre autres journées « de désert tout sec ; et
l'eau est aussi amère, et il n'y est arbre ni
bête, excepté âne seulement. »

Ces quatre journées nous conduisent à la
grande cité de *Cobinan* ; « là se font miroirs
d'acier moult grands et beaux. Là se fait la
tuthie qui est moult bonne aux yeux; et là
se fait encore le spodio (calamine blanche). »
Marc Pol raconte les procédés employés,
puis ajoute : « les gens adorent Mahomet. »

« Et quand l'on part de cette cité de Cobinan, l'on va bien par un désert huit journées,
en lequel est grande sécheresse : et il n'y a
fruit ni arbre, les eaux y sont amères et mauvaises... Au bout de ces huit journées l'on
trouve une province qui est appelée *Tonocain* ;
et il y a cités et châteaux assez et cette province est aux confins de Persie, vers le nord.

Il y a une grandissime plaine en laquelle est
seul l'arbre que les christiens appellent *l'arbre sec*, arbre moult grand, feuilles vertes
d'un côté, blanches de l'autre, noix semblables à noix de châtaignes et il n'y a rien
dedans; bois dur et jaune comme buis. Et il
n'y a nul arbre, après, à plus de cent milles,
excepté d'un côté qu'il y a arbre à dix milles.
Les femmes y sont belles outre mesure; les
gens adorent tous Mahomet. »

Nous ne nous arrêterons pas à *Mulecte* ou
Desarem, ancienne résidence du Vieux de la
montagne; dont le voyageur raconte l'histoire; « quand l'on part de ces châteaux,
continue-t-il, l'on chevauche par belles plaines et par belles vallées et par beaux côteaux,
là où il y a de beaux herbages et de bonnes
pâtures et fruits assez et de toute chose en
grande abondance, et cette contrée dure bien
six journées : il y a villes et châteaux, et les
gens adorent Mahomet. Et aucune fois (quelquefois) trouve-t-on bien déserts de soixante
milles et de cinquante, en lesquels il ne se

trouve pas d'eau ; il faut que les hommes en
portent avec eux. Et quand l'on a chevauché
six journées, alors trouve-t-on une cité qui
est appelée *Sapurgan*. Elle est ville de grand'-
planté (*pleineté*, abondance) de toute chose ;
et je vous dis qu'il y a les meilleurs melons
du monde, en grandissime quantité, qu'ils
font sécher par tranches et les mettent au
soleil, et ces melons deviennent doux comme
miel ; il y a venaison de bêtes et d'oiseaux
outre mesure. »

Le voyageur passe ensuite à *Balc* « noble
cité et grande, qui jadis fut plus noble et
plus grande, car les Tartares et autres gens
l'ont gâtée et dommagée : car je vous dis
qu'il y eut là jadis maint beau palais et
mainte belle maison de marbre, et encore
elles y sont, mais détruites et ruinées. Là
sont les confins de Persie entre l'est et le
nord-est, et ainsi sachez que jusques à cette
cité dure la terre du Sire des Tartares du Levant. Les gens adorent Mahomet. »

Nous entrons dans le pays de *Dogana* :

« Quand l'on part de Balc, dit le voyageur, on chevauche bien douze journées entre est et nord-est, sans que se trouve aucune habitation, parce que les gens sont retirés aux montagnes en forteresses par peur des ennemis qui moult leur faisaient dommage. Et je vous dis qu'il y a eau assez, venaison assez, et des lions encore. »

Après ces douze journées, « l'on trouve un château qui est appelé *Taïcan*, là où il y a grand marché de blé; la campagne est moult belle; les montagnes vers le midi sont moult grandes et elles sont tout sel; et de toute la contrée à trente journées loin, l'on vient pour ce sel qui est le meilleur du monde; il est si dur que bien n'en peut-on prendre sinon avec grand pic de fer; et je vous dis qu'il est en si grande abondance que tout le monde en aurait jusqu'à la fin des siècles. »

« Et quand l'on part de ce château, on va trois journées entre l'est et le nord-est, toute fois trouvant belle contrée où l'on rencontre abitation assez et planté de fruits, de blés et de vigne. Les gens sont moult bons chasseurs ; ils adorent Mahomet ; ils ne portent en leur chef rien, forts une corde longue de dix paumes et ils la portent autour de leur tête. »

Après trois autres journées, l'on rencontre la ville de *Scasem*, par laquelle passe un grand fleuve ; la province porte le même nom ; les habitants creusent leurs demeures dans la terre ; « il y a maint *porte-épine*. » Pendant les trois journées suivantes « il ne se trouve habitation aucune, ni à manger ni à boire ; puis l'on entre dans la province de *Balascian*. En cette province naissent les pierres précieuses que l'on appelle balasci, qui sont moult belles et de grand'vaillance. et elles naissent dans les rocs des montagnes... Et encore sachez qu'en cette même contrée, en une autre montagne, se trouvent, les pierres desquelles se fait l'azur, et c'est le plus fin azur et le meilleur qui soit au monde ; et les pierres de quoi se fait l'azur, sont veines qui naissent en montagne comme toute autre veine. Et encore je vous dis

qu'il y a montagnes desquelles ils trayent
(ils tirent) argent à grand'planté. La contrée
est moult froide, et encoce sachez qu'il y naît
moult bons chevaux ; ils sont grands coureurs,
ne portent fer en leurs pieds et ainsi vont
par montagnes toujours.... Les gens ont langage pour eux et adorent Mahomet.... Ce
royaume a maint étroit pas et maint fort lieu,
de sorte que les habitants sont certains que
nul n'y peut entrer pour leur nuire. Ils sont
bons archers et bons chasseurs et la plupart
portent cuir de bêtes, parce qu'ils ont grand
cherté de drap. »

A sept jours de marche vers le midi, est la
province de *Basian*. « Les gens sont idres
(idolâtres) qui adorent les idules (idoles), et
ont langage pour eux. Ils sont brunes gens ;
ils savent moult d'enchantements et d'arts
diaboliques. Les hommes portent à leurs
oreilles cerceaux et boucles d'or, d'argent et
de perles. Ils sont moult malicieuses gens et
sages de leurs coutumes. Leur viande (leur
nourriture) est chair et riz. »

A sept autres journées vers le midi est la province de *Kesmur*. « Les gens encore sont idres et ont langage pour eux. Ils savent tant d'enchantements des diables que c'est merveille ; car ils font parler les idules : ils font, par enchantements, changer le temps et font faire grande obscurité.... Et *si vous dis* qu'ils sont chefs des autres idres... Ils ont des ermites selon leurs coutumes, qui demeurent en leur ermitage et font grande abstinence de manger et de boire et sont moult castes (purs) de luxure, et se gardent outre mesure de ne faire péché qui contre leur foi soit. Ils sont tenus de leurs gens pour saints, et je vous dis qu'ils vivent par grand âge ; et la grande abstinence qu'ils font de pêcher, ils la font pour l'amour de leurs idules ; et encore ils ont en grand nombre abbayes et monastères de leur foi. »

Le narrateur change ici de direction « parce que, dit-il, si nous allions plus avant, nous entrerions en *Indie*, et je n'y veux entrer à ce moment. » Nous revenons donc

avec lui à *Badascian* et nous reprenons
notre route « entre Levant et Grec (entre
l'est et le nord-est). Nous marchons d'abord
pendant douze jours le long d'un grand
fleuve. « Là où il y a châteaux et habitations assez. Les gens sont vaillants et adorent
Mahomet. »

Nous trouvons ensuite une province appe-
lée *Vocan* , de trois journées en tous sens.
« Les gens ont langage pour eux et adorent
Mahomet. »

« Et quand l'on part de ce lieu, l'on va
trois journées par le nord-est, le plus souvent par montagnes, et l'on monte tant que
l'on dit que c'est le plus haut lieu du monde.
Et quand l'on est en ce haut lieu, adonc
trouve-t-on une plaine entre deux montagnes, en laquelle il y a un fleuve moult beau
et la meilleure pâture du monde, car une
maigre bête y devient grasse en dix jours.
Il y a grande multitude de moutons sauvages qui sont grandissimes, car leurs cornes
ont bien six paumes, et de ces cornes les pâ-

tres font de grandes écuelles..... Et va-t-on
bien douze journées par un plateau appelé
Pamier et en toutes ces douze journées il n'y
a habitation ni auberge... Oiseaux il n'y a,
pour le haut lieu et le froid que c'est; et *si
vous dis* que le feu par ce grand froid n'est
si clair ni de même couleur qu'en autre lieu
et ne se cuisent bien les choses » (1).

Continuant sa route entre l'est et le nord-
est, le voyageur est quarante jours à chevaucher « par montagnes, et par côtes et par
vallées, passant maint fleuve et maint désert
lieu, et en toutes ces journées il n'y a habitation ni auberge. Cette contrée est appelée
Belor. Les gens demeurent en montagnes
moult hautes. Ils sont idres et moult sauvages et ne vivent que de chassaison de bêtes;
leurs vêtements sont de cuir de bêtes; et ils
sont mauvaises gens durement. »

Des monts de Belor nous entrons dans la
« *Grande Turquie* » par le royaume de *Cas-*

(1) Cette observation rappe le celle de M. *Humboldt,* sur
le sommet des *Andes.*

car. « Il y a villes et châteaux assez et la plus grande cité et la plus noble est *Cascar.* Les gens adorent Mahomet, et vivent de marchandise et d'art. De cette contrée sortent maints marchands, qui vont par tout le monde faisant marchandise. Il y naît bambasce (coton) assez.... En cette contrée demeurent aussi christiens nestoriens, qui ont leur église et leur loi. Cette province dure cinq journées. »

De Cascar, le narrateur nous fait faire un crochet vers *Samarcan,* laissé sur notre gauche, « grandissime cité, dit-il et noble; elle est vers le nord-est. Les gens sont christiens nestoriens et sarrasins. » Vient ensuite la province de *Charcan* « qui dure de long cinq journées; et les gens sont de la loi de Mahomet; il y a aussi des christiens nestoriens; » puis la province de *Cotan,* entre l'est et le nord-est, « longue de huit journées. Les gens adorent tous Mahomet, *ils sont au Grand Khan;* » puis la province de *Pein* « longue de cinq journées entre l'est et le nord-est; les gens adorent Mahomet *et sont au Grand Khan...* Il y a fleuve en lequel se trouve pierres que l'on appelle diaspe (jaspe) et calcédoine; » puis la province de *Ciarcian* « entre l'est et le nord-est; les gens adorent Mahomet. Il y a fleuves qui charrient diaspe et calcédoine, lesquelles se portent à vendre au *Catai* avec grand profit... Et toute cette province est sablon; et de *Cotan* à *Pein* c'est aussi sablon; et de *Pein* ici c'est encore sablon, et il y a mainte eau mauvaise et amère. Et encore il y a, en plusieurs lieux, eaux douces et bonnes. » La tactique de guerre des habitants est de se retirer avec leurs bestiaux à l'approche de l'ennemi, à deux ou trois journées, dans le désert vers les sources d'eau douce qu'eux seuls connaissent; « et *si vous dis* que nul ne peut apercevoir là où ils sont allés, parce que le vent couvre de sable les voies par où ils sont allés. »

De Ciarcian, le voyageur compte cinq journées de sable et d'eau amère, qui ne lui offrent rien à rappeler, puis il arrive,

« en une cité qui est au commencement du grand Désert, là où les hommes
prennent les vivres pour passer le désert. »
Cette porte du désert s'appelle *Lop* et donne
son nom au désert. « Elle est entre l'est et
le nord-est, *et est au grand Khan.* Les gens
adorent Mahomet; et je vous dis que les gens
qui veulent **passer** le désert, se reposent en
cette ville une semaine pour rafraîchir, eux
et leurs bêtes; après quoi ils prennent vivres
pour un mois; et je vous dis que ce désert
est si long, à ce qu'on dit, qu'en un an n'en
trouverait-on pas la fin; et là où il est le
moins large, il se peut à grand'peine passer
en un mois. Il est toute montagne et sablon
et vallée et il ne s'y trouve rien à manger...
Il est de vrai que quand l'on chevauche de
nuit par ce désert, s'il arrive que quelqu'un
reste et s'écarte de ses compagnons et puis
veuille aller les rejoindre, alors il entend
parler des espiriti (des esprits) en manière
qu'il semble que ce soit ses compagnons; ils
l'appellent par son nom, et le font dévoyer

en telle manière qu'il ne se retrouve jamais, et en cette manière plusieurs sont déjà morts et perdus... »

« Et quand l'on a chevauché ces trente journées de désert, adonc trouve-t-on une cité appelée *Sacion*, qui est au grand Khan. La province s'appelle *Tangut*; ils sont tous idres; bien est-il vrai qu'il y a aussi christiens nestoriens; et encore il y a sarrasins... Ils ont mainte abbaye et maint monastère, lesquels sont tous pleins d'idules de mainte façon, auxquelles ils font grand sacrifice et grand honneur et grand révérence. » Le voyageur entre ici dans le détail des cérémonies religieuses et surtout des usages funéraires; mais le temps me manque pour l'y suivre.

De la province de *Tangu* qui est entre l'est et le nord-est, le narrateur nous transporte à celle de *Camul*, qui est au nord-ouest « entre deux déserts, car d'une partelle a le grand désert, et de l'autre, elle a un petit désert de trois journées. Les gens sont tous

idres et ont longage pour eux... **Ils sont
hommes de grand soulas (de grande gaîté)**,
car ils n'entendent à autre chose qu'à sonner
instruments, à chanter, à baller et **à prendre
grand délit (plaisir) à leur corps. »** Cette
province est, au dire de Marc Pol, une terre
hospitalière où les droits de l'étranger passent avant ceux du mari. « Et je vous dis
que si un forestier (un étranger) lui vient à
la maison pour héberger, le mari en est **trop
lié (trop joyeux)... »**

Dans sa revue des contrées qui touchent
au désert, le narrateur nous conduit du nord-
ouest au nord-nord-ouest, à la province de
Ghinchintalas : « Elle est grande de seize
journées, dit-il, *et est au grand Khan*; il y a
trois sortes de gens; ce sont des idres et ceux
qui adorent Mahomet et des christiens nestoriens. Et aux confins de cette province, vers le
nord, est une montagne en laquelle il y a
moult bonne veine d'acier et d'*ondanique*. »
Marc Pol décrit la toile d'amiante sous le nom
de salamandre, « et sachez, dit-il, que la

salamandre n'est pas un animal comme on le dit... »

« Et quand l'on part de cette province que je vous ai dit, on va dix journées entre l'est et le nord-est; et en toute cette voie il n'y a habitation ou guère, et il n'y a chose à rappeler en notre livre.

» Et au bout de ces dix journées l'on trouve une province appelée *Suctuir* en laquelle il y a cités et châteaux assez. » Nous sommes toujours dans les dépendances de Tangut et sur les terres du Grand Khan. « Par toutes les montagnes se trouve le ribarbar (rhubarbe) en grande abondance, et là, les marchands l'achètent et la portent après par tout le monde. »

Nous arrivons à la capitale de Tangut, à *Canpicion*, « grande cité et noble. Les gens sont idres et il y en a d'entre eux qui adorent Mahomet; et encore il y a christiens qui ont en cette ville trois églises grandes et belles. Les idres ont maint monastère et abbaye selon leur usance. Ils ont une gran-

dissime quantité d'idules (d'idoles); et *si
vous dis* qu'ils en ont qui sont grandes de
dix pas, telles de bois, telles de terre, telles
de pierre et elles sont toutes couvertes d'or
et ouvragées moult bien... Or sachez que les
religieux des idules vivent plus honeste-
ment que les autres idres.... Les gens prennent jusqu'à trente femmes et plus ou moins
selon qu'ils sont riches et qu'ils en peuvent
tenir; les hommes donnent à leurs femmes,
pour leur douaire, bestiaux et escalifs (esclaves) et monnaie, selon leur pouvoir... Ils ne
tiennent pour péchés maint grave péché que
nous avons. » D'après notre manuscrit ce
serait en cette ville de *Canpicion* et non en
celle de Balc, que les Polo furent retenus un
an par la maladie de Marc; ils eurent donc
tout le temps d'en observer les usages. En
quittant cette ville, le narrateur promet de
nous conduire à soixante journées au nord.

« Quand l'on part, dit-il, de cette cité de
Canpicion, l'on chevauche douze journées et
l'on trouve une cité appelée *Ezina*, qui est à

l'extrémité du désert de sable vers le nord,
et est de la province de Tangut. Les gens
sont idres, ils vivent du fruit de la terre et de
bestiaux... Et en cette cité, l'on prend vivres
pour quarante jours. Car sachez que quand
l'on part de cette cité d'*Ezina*, l'on chevauche à travers un désert par le nord quarante
journées qu'il n'y a habitation ni auberge,
il n'y demeure gens, fors l'été, en vallées et
en montagnes; y trouve-t-on bien bêtes
sauvages assez; ânes sauvages, il y a assez. »

Nous voici parvenus à *Caracoran*, « cité
qui dure trois milles, » première étape des
Tartares quand ils sortent de leur pays vers
le nôtre, quartier général des hordes de *Gengis-Khan* ou *Cinchins-Khan*. Marc Pol rap-
pelle la révolte de Cinchinskhan contre Une-
Khan « que les christiens, dit-il, appellent le
Prêtre Jean; » ses six années de conquêtes
ininterrompues, et sa mort à la suite d'une
blessure : « *dont ce fut, dit-il, grand dommage, parce qu'il était prud'homme et
sage.* » Suivent deux curieux chapitres sur

les habitudes des Tartares : « je vous en dirai maintes choses, » écrit le Vénitien *tartarisé.*

« Les Tartares demeurent l'hiver en plaines et en lieux chauds où il y ait herbage et bonne pâture pour leurs bêtes, et l'été ils demeurent en froids lieux, en montagnes et en vallées, là où ils trouvent eau et bocages, et pâture. Ils ont maisons de bois et elles sont rondes et ils les portent avec eux là où ils vont... Et toutes les fois qu'ils tendent et dressent leur maison, la porte est vers le midi. Ils ont charrette couverte de feutre noir, si bien que, plût-il toujours, l'eau ne baignerait nulle chose en la charrette. Ils la font mener et traire (tirer) à bœufs et chameaux, et dessus cette charrette ils portent leurs femmes et leurs enfants. Les hommes ne se mêlent de rien que de chasse. Les femmes sont bonnes et loyales en vers leurs hommes et font moult bien la besogne de la maison. Chacun peut prendre tant de femmes qu'il lui plaît...

« Sachez que la loi leur est telle, car ils

ont un Dieu à eux qu'il appellent *Nacygay*,
et ils disent que c'est le dieu de la terre qui,
garde leurs fils et leurs bêtes et leurs blés;
et ils lui font grand'révérence et grand honneur, car chacun en tient en sa maison; ils
font ce dieu de feutre et de drap et le tiennent en leur maison; et encore ils font la
femme de ce dieu et ses fils; ils lui mettent
sa femme à sa gauche et ses fils devant lui, et
ils l'honorent assez. Et quand ils viennent à
manger, ils prennent de la chair grasse et
en oignent la bouche à ce dieu, et à sa femme
et à ses fils; et puis ils prennent du jus et
l'épandent dehors; et cela fait, ils disent que
leur dieu et sa maisonnée ont eu leur part;
après quoi ils mangent et boivent. Sachez
qu'ils boivent lait de jument; mais *si vous*
dis qu'ils le boivent en telle manière qu'il
semble vin blanc, et est bon à boire. Leurs
vêtements sont tels : les riches hommes vêtent draps dorés et draps de soie et riches
peaux zibelines et de renard, moult richement; et tous leurs harnois sont moult beaux

et de grand'vaillance. Leurs armes sont arcs,
épées et massues; mais des arcs ils s'aident
plus que d'autre chose. En leurs dos ils portent armure de cuir et de buffle, et d'autres
cuirs cuits qui moult sont forts. Ils sont bons
hommes en bataille et nous vous dirons
comment ils peuvent travailler plus que les
autres hommes ; car mainte fois, quand besoin est, il ira (le Tartare) et demeurera sans
nuls vivres, excepté qu'il vivra de lait de
jument et mangera des chairs de chassaison
qu'il prend (1): et son cheval paîtra des herbes qu'il trouvera, car n'est besoin de porter
orge ni paille. Ils sont moult obéissants à
leurs seigneurs ; et je vous dis que quand besoin est, ils demeurent toute la nuit à cheval
avec leurs armes, et le cheval va toutefois

(1) « Et encore ils mangent les rats de Pharaon quand il
y en a grande abondance parmi les plaines... ils mangent
bien chair de cheval et de chien... ils mangent de toute
chair ; mais, ajoute le voyageur, ils se gardent que pour rien
au monde ne toucherait l'un à la femme de l'autre ; car ils
l'ont pour trop mauvaise chose et vilaine. » Il faut rappro-
cher ce que dit ici Marc Pol des Tartares, du portrait qu'en
fait RUBRUQUIS.

paissant les herbes. Ils sont les gens du monde qui plus endurent de fatigue et de mal et moins coûtent de dépense, et qui meilleurs sont pour conquérir terres et royaumes. »

Marc Pol rapporte en détail les coutumes guerrières des Tartares, et ajoute qu'ils sont à cette heure « moult abâtardis ; car, dit-il, ceux qui sont au *Catai* ont pris la manière et les coutumes des idres (ce sont ici les Chinois que ce mot désigne), et ont laissé leur loi ; et ceux qui sont au *Levant* se tiennent à la manière des Sarrasins. »

Mais reprenons notre route et, comme dit le vieux narrateur, « retournons en notre conte en la grand'plaine où nous étions quand nous commençâmes des faits des Tartares. »

« Quand l'on part de *Caracoran*, l'on va par une contrée vers Tramontane (vers le nord) qui est appelée la plaine de *Baigu* et qui dure bien quarante journées. Les gens sont appelés *Mécri* et sont sauvages gens ; et je vous dis qu'ils chevauchent les cerfs. Ils ont usances et coutumes comme Tartares et sont au grand

Khan. Ils n'ont blé ni vin; l'hiver, il n'y demeure nulle bête ni oiseaux, à cause du grand froid.

» Et quand l'on est allé quarante journées, adonc trouve-t-on la mer Océane, d'où le grand Khan tire ses faucons; et *si vous dis* voirement que ce lieu est tant vers le nord que l'étoile de Tramontane (du nord) reste aussi en arrière vers le midi. »

Le narrateur nous ramène ici sur nos pas et nous fait repartir de la province de *Canpicion*, nous dirigeant cette fois, vers l'est. Après cinq journées de marche, nous trouvons le royaume d'*Erginul*, dépendance de Tangut et appartenant au grand Khan. « Il y a cités assez et la maîtresse cité est *Erginul*. Et de cette cité vers le midi, peut-on aller vers la contrée du *Catai*, trouvant en chemin une citée qui est appelée *Fingui*; et il y a villes et cités assez. Les gens sont idres, et il y a gens qui adorent Mahomet, et il y a christiens nestoriens. Il y a aussi bœufs sauvages qui sont grands comme éléphants et

sont moult beaux à voir, blancs et noirs ; le
le poil est long de trois paumes. En cette
contrée naît le meilleur musc et le plus fin
qui soit au monde. » Marc Pol décrit au long
l'animal qui donne le musc. « Les habitants
vivent de marchandise et d'arts et ont abondance de blé ; est la province grande de vingt-
cinq journées. Les gens sont idres ; ils sont
gras et ont petit nez. cheveux noirs ; ils n'ont
point de barbe excepté qu'ils ont poil en
greignon (en moustache). » Suivent des détails singulièrement circonstanciés sur les
dames « qui sont moult belles de toutes façons. » Vous voyez qu'en nous envoyant au
midi d'Erginul, notre voyageur vient en réalité de nous faire faire une pointe vers la
Chine.

Si nous nous dirigeons au contraire vers
l'est. nous trouvons, après huit jours de
marche, la province tangutaine d'*Egrigaia*
« où il y a cités et châteaux assez. La maîtresse ville est appelée *Calacian*. Les gens
sont idres et il y a trois églises de christiens
nestoriens. »

4

Continuant notre route vers l'est, nous
entrons dans la province de *Senauc,* héritage
de Une-Khan ou du *Prêtre Jean* : capitale,
Tenduc. « En cette province était le maître
siége de Une-Khan lorsqu'il seigneuriait les
Tartares, et c'est le lieu qu'ils appellent *Ung*
et *Mungul* (Mongol), » l'*Og* et le *Magog* de
l'Ecriture sainte, dit le narrateur.

« Et quand l'on chevauche en cette province sept journées par l'est, vers le *Catai,*
l'on trouve maintes cités et châteaux, là où
sont gens qui adorent Mahomet, et des idres,
et des christiens nestoriens aussi. Ils vivent
de marchandise et d'arts ; car ils travaillent
draps dorés que l'on appelle *nascisi* fin et
nach, et drap de soie de mainte manière ;
comme nous avons les draps de laine de
mainte manière, ainsi ont-ils draps dorés
et draps de soie de mainte manière. » Nous
sommes depuis trop longtemps sur les terres
du Grand Khan, pour avoir besoin de répéter ici le mot de prédilection du voyageur.
Les draps dorés et les draps de soie nous an-

noncent en outre que nous approchons d'un foyer de civilisation. Nous sommes en effet sur le chemin de la Constantinople du Catai.

Marc Pol cite, en passant, l'industrieuse ville de *Sindacui* et « l'argentière » (la mine d'argent) d'*Ydifu*; puis ils se remet en marche : « Or nous partirons, dit-il, de cette province et de ces cités et nous irons trois journées et adonc nous trouverons une cité qui s'appelle *Ciagannor*, en laquelle il y a un grand palais qui est au Grand Khan. Car sachez que le Grand Khan demeure, à cette cité, en ce palais volontiers, parce qu'il y a lac et rivière assez, là où sont ses nefs assez, et encore il y a belles plaines en lesquelles ils ont grues assez et faisans et perdrix assez et de mainte autre façon d'oiseaux. » Ce palais est l'un des principaux rendez-vous de chasse du Grand Khan. « Car il *oiselle* à gerfaut et à faucon et il prend oiseaux assez, à grand'joie et à grand'fête. » Le voyageur décrit en passant cinq espèces de grues, une **entre autres** dont les **plumes** sont couvertes

d'yeux ronds comme celles du paon, « mais
ces yeux sont de couleur d'or moult resplendissante ; la tête est vermeille et noire et
blanche autour. »

Laissant la cité de Ciannagor, nous marchons encore pendant trois jours entre le
nord et le nord-est : « adonc trouvons-nous
une ville qui est appelée *Ciandu*, que le
Grand Khan qui est et règne et qui a nom
Cublai-Khan, l'a fait faire. Et en cette cité,
Cublai-Khan a fait faire un grandissime
palais de marbre et de pierre ; les salles et
chambres sont toutes dorées. Il est moult
merveilleusement beau et bien doré ; et de
ce palais se mure un mur qui environne bien
seize milles de terre, en lesquels il y a fon-
taines et rivières et prairies assez ; et le Grand
Khan y tient de toutes bêtes.... Et encore
sachez qu'en un lieu de cette prairie environnée de mur, le Grand Khan a fait un grand
palais qui est tout de cannes (roseaux) ; mais
tout le dedans est doré et ouvragé à bêtes et
oiseaux moult savamment ouvrés. La cou-

verture est aussi tout de cannes, envernissées si bien et si fort que nulle eau n'y peut
nuire. Sachez que ces cannes sont grosses de
plus de trois paumes et qu'elles sont longues
de dix pas jusqu'à quinze... » Ce palais de
cannes est la résidence d'été du Grand Khan;
deux cents cordes de soie le soutiennent; il
n'est dressé que pendant les trois mois que
le Grand Sire y habite, à savoir, en juin,
juillet, août. La résidence impériale d'hiver
est « en la maîtresse ville du Catai, qui
Cambalu est appelée. Sachez tous voirement
que le Grand Khan y demeure trois mois de
l'an, c'est décembre, janvier, février; en
cette ville, il a son grand palais.

———

Nous voici donc où notre guide voulait
nous conduire. Il faut espérer que l'infatiga-
ble marcheur va nous donner un instant de
relâche et nous permettre une halte, ne fût-
ce que pour voir un peu « le grand palais du
Grand Khan et sa maîtresse-ville » et aussi
le Grand Khan lui-même.

Il y a certes assez longtemps que nous *chevauchons* : le plus souvent à l'encontre du soleil, ou bien, maintes fois, à droite et à gauche de notre route, vers le midi, vers le nord. Que de journées ! la terre y peut-elle bien suffire ? Que de montagnes ! que de vallées ! que de fleuves ! que de plaines cultivées ! que de plaines désertes ! que de populations nomades ! que de populations assises ! que de pasteurs, de fabricants, de marchands, de guerriers, de prêtres ! que de camps ! que de châteaux ! que de villes ! que de costumes divers, de langues inconnues, de croyances étrangères ! Et, si nous regardons en arrière, que l'Europe est loin de nous ! — Que s'y passe-t-il maintenant ? que deviennent nos compatriotes ? que font-ils à cette heure même ? qui nous donnera, à *Cambalu*, des nouvelles de *Venise* ou de *Paris*, de *Rome* ou de *Jérusalem* ? Qui nous parlera du Saint-Père, du César ou du Doge ? L'Italie, la France, l'Allemagne, l'Espagne, l'Angleterre, existent-elles ? — Comment croire

que nous sommes bien ici sur la même terre
qui porte notre maison natale et nos maîtres
d'enfance, lorsque nous n'y voyons plus nos
couvents, nos églises, nos châteaux-forts,
nos chevaliers, nos abbés, nos marchands,
nos serfs. Et, puis aussi, quel étrange spectacle nous avons ici sous les yeux ? N'est-ce
pas un rêve ? Ces journées de marche dont je
viens de vous donner la liste, ne seraient-elles
qu'un itinéraire inventé à plaisir pour jeter
un pont imaginaire entre le pays des chimè-
res et celui des réalités ? — Voyez plutôt :

Il s'agit du palais impérial, et d'abord de
la double enceinte de palais qui l'entoure.
« Tout en avant, nous dit le voyageur, est
un grand mur carré, qui est pour chaque
côté d'un mille, c'est-à-dire qu'il est, tout
à l'entour, de quatre milles. Il est moult
épais et de hauteur a-t-il bien dix pas et est
tout blanc et crénelé ; et chaque coin de ce
mur a un grand palais moult beau et riche
en lequel se tiennent les harnois du Grand
Khan. et sur les côtés est encore un palais

semblable à ceux des coins, si bien que, tout
à l'entour des murs, sont huit palais; et tous
les huit sont pleins des harnois du Grand
Sire; et sachez qu'en chacun de ces palais, il n'y
a que d'une chose; qu'en l'un il y a arcs et
. rien autre, ou selles et rien autre; et ainsi va
en chacun. Et ce mur a encore, vers le midi,
cinq portes; au milieu, une grande porte qui
ne s'ouvre nulle fois, fors tant seulement quand
le Grand Khan sort ou entre... et dedans
ce mur, il y a un autre mur qui est plus long
que large; il y a aussi huit palais sur le mur
et encore s'y tiennent les harnois du Grand
Sire. Il y a aussi cinq portes vers le midi... et
au milieu de ce mur est le palais du Grand Sire
qui est tel comme je vous dirais. Il est le plus
grand qui jamais fût vu. Il n'a pas de second
étage, mais le paviment est plus haut que le
sol d'environ dix paumes. Le plafond est
moult haut; les murs des salles et des chambres sont tout couverts d'or et d'argent, et y
sont portraits (peints) dragons et bêtes et
oiseaux et chevaux et autres diverses généra-

tions de bêtes ; et le plafond est aussi fait de
sorte qu'il ne s'y voit qu'or et portraitures.
La salle est si grande et si large que bien y
mangent six mille hommes. Il y a tant de
chambres que c'est merveille à voir. Ce palais est si grand et si bien fait qu'il n'y a
homme au monde, qui le pouvoir en eût, qui
le sût mieux ordonner et faire. Les couver-
tures, dessus, sont toutes vermeilles et vertes
et bleues et jaunes et de toutes couleurs ;
elles sont envernissées si bien et si savamment qu'elles resplendissent comme cristal ;
si bien que de très-loin à l'entour, les palais
luisent. Et sachez que cette couverture est
si forte et si fermement faite qu'elle dure
depuis bien des années. Et entre chacun des
murs, il y a des prairies et de beaux arbres
en lesquels il y a plusieurs manières de bêtes ; ce sont cerfs blancs, les bêtes qui font
le musc, chevreuils, daims et de plusieurs
espèces de belles bêtes ; toutes les terres dedans les murs sont pleines de ces belles bêtes, excepté par les chemins où les hommes

vont seulement. D'un côté, **vers le nord-ouest**, il y a un lac moult grand, en lequel il y a maintes manières de poissons; et *si vous dis* qu'un grand fleuve y entre et en sort, mais il est pourvu à ce que nul poisson ne puisse en sortir... Et encore je vous dis que vers le nord, à une portée d'arc du palais, le Grand Sire a fait faire un tertre. C'est un mont qui est bien haut de cent pas et a plus d'un mille de tour, lequel mont est couvert d'arbres qui en aucun temps ne perdent feuilles, mais sont toujours verts... Et dessus le mont, **au milieu du sommet, il y a un** palais beau et grand et qui est tout vert. Et je vous dis que ce mont et les arbres et les palais sont si beaux à regarder que tous ceux qui le voient en ont joie; et le Grand Sire l'a fait faire pour avoir cette belle vue, et parce que cela lui fait confort et soulas.

« Et je vous dis que près de ce palais, le Grand Sire en a fait faire un autre, semblable au sien, sans que rien y faille, et c'est pour son fils... »

« Or je vous conterai de la *grand'ville
du Catai,* où ces palais sont... Elle est
grande comme je vous le conterai ; elle a
vingt-quatre milles de tour et est parfaitement carrée ; elle est murée de murs de terre
(de briques) épais de dix pas et hauts de
vingt, tout crénelés et blancs. Elle a douze
portes, et sur chaque porte il y a un grandissime palais et beau, si bien qu'en chaque
côté des murs il y a trois portes et cinq palais, parce qu'il y a encore un palais à chaque coin ; et ces palais ont de moult grandes
salles, où les armes de ceux qui gardent la
cité demeurent ; et *si vous dis* que les rues
de la ville sont si droites et si larges que l'on
voit d'un bout à l'autre, et elles sont ordon-
nées de façon que chaque porte se voit comme
les autres. Il y a maint beau palais et mainte
belle auberge et mainte belle maison. Et au
milieu de la cité, il y a un grandissime palais
en lequel est une grande cloche qui sonne
la nuit ; que nul n'aille par la ville après
qu'elle a sonné trois fois, excepté pour be-

soin de femmes en couche ou d'hommes
malades; et ceux qui de nuit vont, il faut
qu'ils portent lumière; et je vous dis qu'il
est de règle que chaque porte soit gardée
par mille hommes... Et *si vous dis* qu'en
cette cité il y a si grande multitude de maisons et de gens, dedans la ville et dehors
(car sachez qu'il y a autant de faubourgs
que de portes, ce sont douze faubourgs qui
sont grandissimes), que n'est homme qui
pût en compter le nombre; car il y a plus
de gens dans ces faubourgs qu'en la ville...
Et *si vous dis* que dans ces faubourgs il y a
d'aussi belles maisons et d'aussi beaux palais
comme en la ville, hors ceux du Grand
Sire.

» Et sachez qu'en la ville, il ne s'ensevelit
nul mort. Mais si le mort est idre, il se porte
au lieu où doit être brûlé le corps, qui est
dehors tous les faubourgs; quant aux autres
morts, ils s'ensevelissent dehors tous les
faubourgs.

» Et sachez qu'en cette ville de Combalu

viennent choses plus chères et de plus grand'
vaillance qu'en nulle cité du monde ; je vous
dirai d'abord les chères choses qui viennent
de Indie : ce sont pierres précieuses et perles
et de toutes autres chères choses... et encore
toutes les belles choses et toutes les chères
qui sont en la province du *Catai* et qui de
toute autre province y sont apportées aussi.
Sachez de vrai que, chaque jour, il entre en
cette ville plus de mille charrettes chargées
de soie, car il s'y travaille maints draps d'or
et de soie. Et cette cité a encore autour d'elle
plus de deux cents villes, de loin et de près,
lesquelles y envoient leurs gens acheter mainte
chose, et ils en tirent les choses qui leur sont
besoignables (nécessaires), et ainsi il ne faut
pas s'étonner si en cette cité de Cambalu
viennent tant de choses comme je vous ai
dit.

» Or sachez pour vérité que de cette cité
de Cambalu partent moult voies (beaucoup de
roues), lesquelles vont par mainte province,
et toutes ces voies portent marque de l'en-

droit où elles vont et c'est au su de tous (1).
Et sachez que quand un messager (un
ambassadeur) du Grand Sire, part de Cambalu par l'une de ces voies, il va vingt-cinq
milles; alors il trouve une poste qui s'appelle
jaub en leur langue, et en chaque poste le
messager trouve un moult grand palais et
beau, là où les messagers du Grand Sire hébergent; ces auberges ont de moult riches
lits, fournis de riches draps de soie, et toutes
les choses qui aux autres messagers con-
viennent; et encore je vous dis que si un roi
y venait, il serait bien hébergé. Et encore je
vous dis qu'à cette poste, les messagers trouvent bien quatre cents chevaux; le Grand
Sire a établi que ces chevaux y demeurent et
soient appareillés pour ses messages... Et

---

(1) « Or sachez tous voirement, dit ailleurs Marc Pol, que
le grand Sire a ordonné ces maitresses voies, et y a fait
planter des arbres de chaque côté, de dix pas en dix pas ;
et je vous dis qu'ils sont si grands qu'ils se peuvent bien
voir de loin, et le Grand Khan a fait cela pour que chacun
voye le chemin et ne s'égare pas. Car vous trouvez ces arbres par désertes voies, qui sont grands conforts à marchands et à mendants ; et ces arbres sont tels par toute province et par tout royaume.

encore sachez que de vingt-deux en vingt-
deux milles, il y a de ces postes que je vous
ai dit et cela en toutes les principales voies
qui vont aux provinces que je vous ai conté,
et en cette manière va-t-on par toutes les
provinces et royaumes du Grand Sire... Et
quand les messagers vont par lieux détour-
nés, où il ne se trouve ni maison ni auberge,
le Grand Sire a fait faire des postes en chaque
lieu détourné, avec palais et toutes choses
comme en autres postes, mais ce sont de
trente-cinq milles en trente-cinq milles. Et
en cette manière, par toutes parts, vont les
messagers du Grand Sire et ont auberge et
chevaux appareillés à toute journée. *Et c'est
bien la plus haute hautesse et la plus grande
grandesse qu'ait présentement ou bien ait
eue jamais nul emperaor ni nul roi ni nul
autre homme terrien.* Car sachez tous voirement que plus de deux cent mille chevaux
demeurent à ces postes, tout exprès pour les
siens messages et encore je vous dis que les
palais sont au nombre de plus de dix mille. »

« Il est à voir qu'entre chaque poste de
trois milles en trois milles, il est de règle
qu'il y a un hameau d'environ quarante
maisons en lesquelles demeurent hommes à
pied qui encore font les commissions du
Grand Sire ; ils portent une ceinture toute
bordée de sonnaille, pour qu'ils soient en-
tendus de loin et vont toujours au grand
galop et ne vont que trois milles ; et les autres qui, au bout de trois milles, de loin les
entendent venir, demeurent tout appareillés
et aussitôt que celui-ci est arrivé, un autre
lui prend la chose qu'il porte, puis se met
courant et va jusqu'aux autres trois milles ;
il fait ensuite comme avait fait l'autre. *Si
vous dis* que de cette manière le Grand Sire,
a, par ces hommes à pied, des nouvelles de
dix journées loin, en un jour et en une nuit ;
et ainsi il aurait en dix jours et en dix nuits
des nouvelles de cent journées loin. »

« Or sachez que le Grand Khan, pour sa
grandesse, se fait garder à douze mille hommes à cheval et ils s'appellent *quesitam* qui

équivaut à dire en français cavaliers et fidèles du Seigneur. » Ces douze mille se divisent en quatre *chevintan* de trois mille hommes, et ces quatre chevintan gardent, à tour de rôle, pendant trois jours et trois nuits le palais impérial.

« Et quand le Grand Khan tient sa table, il le fait en telle manière : la table du Grand Sire est moult plus haute que les autres ; il s'assit au nord, le visage vers midi et sa première femme s'assit à sa gauche ; à sa droite, et aussi plus bas, sont assis ses fils et ses neveux et ses parents de l'impérial lignage, et *si vous dis* que leur tête vient aux pieds du Grand Sire ; puis les barons sont assis à d'autres tables encore plus bas... Et en dehors de cette salle mangent plus de quarante mille ; car il y vient maint homme avec grand présent et ce sont hommes qui viennent d'étranges (d'étrangères) contrées avec d'étranges choses... Et au milieu de cette salle à l'endroit où le Grand Khan tient sa table est une grande patère d'or fin qui tient

bien de vin comme une grande bouteille...
Et sont remplis de vin, de grands vases d'or
qui tiennent autant de vin que huit ou dix
hommes en peuvent boire, et ces vases d'or
se mettent entre les convives à table, et chacun prend vin de ce vase d'or avec une coupe
d'or à anse. Et sachez que ces vases et ces
coupes sont de grand'vaillance, et je vous
dis que le Grand Sire a si grand'vaisselle
d'or et d'argent que n'est homme qui ne l'ait
vu, qui le puisse croire. Sachez que ceux
qui font le service au Grand Khan des vian-
des et des breuvages, sont plusieurs barons,
et je vous dis qu'ils recouvrent leur bouche
et leur nez avec belles toiles de soie et d'or
pour que leur haleine n'arrive pas aux vian-
des et breuvages du Grand Sire. Et quand
le Grand Sire doit boire, tous les instruments
qu'il y a en grandissime quantité, et de toute
espèce, commencent à sonner; et quand
le Grand Sire a sa coupe en main, tous les
barons et tous les gens qui y sont, s'agenouillent et font signe de grande humilité... »

« Or sachez que le jour de sa nativité se
vêt le Grand Khan de noble drap à or battu
et bien douze mille barons et chevaliers se
vêtent comme lui de couleur et de manière
semblables à celle du Grand Sire... Et tous
ont une grande ceinture d'or; et ces vêtements sont dons du Grand Sire. Et *si vous
dis* qu'il y a tel de ces vêtements dont les
pierres précieuses et les perles qu'il porte,
valent plus de mille besans d'or ; sachez que
le Grand Khan donne ces riches vêtements à
ces douze mille barons et chevaliers, et par
là, vous pouvez voir que c'est si grandissime
chose qu'il n'est aucun autre seigneur au
monde qui pût établir cela ni le maintenir...

» Or sachez tous voirement que le Grand
Sire a ainsi ordonné ses douze mille barons
qui *quesitam* sont appelés; il a donné à
chacun treize robes, chacune de couleur diffé-
rente de l'autre, et ces robes sont ornées de
perles et de pierres et d'autres riches choses
moult noblement et elles sont de grandissime
vaillance. Il a encore donné à chacun de ces

douze mille barons une ceinture d'or moult
belle et de grand'vaillance, et il leur a encore
donné chaussure de canne ouvragée de fil
l'argent moult savamment. Ils ont tous or-
nement si noble et si beau qu'il semble bien,
quand ils les ont vêtus, que chacun d'eux
soit un roi. Et à chaque fête, il est réglé lequel de ces treize vêtements se doit vêtir.
Le Grand Khan a aussi treize vêtements
semblables à ces barons, de couleurs veux-je
dire, mais ils sont plus nobles encore et de
plus grand'vaillance. Or vous ai devisé des
treize vêtements des douze mille barons du
seigneur, qui sont en tout *cent cinquante-
six mille vêtements* aussi chers que je vous
l'ai conté et qui valent une si grand'multitude de trésors qu'à peine s'en pourrait
compter le nombre, sans l'écriture et les
chaussures qui aussi valent trésors assez.
Tout cela, le Grand Sire l'a fait pour que ses
fêtes soient plus nobles et plus grandes. »

De ces fêtes, Marc Pol vient de vous citer
celle de la *nativité* du Grand Khan, en la-

quelle toutes les religions adressent leurs
prières au ciel pour « qu'il leur sauve et con-
serve leur seigneur et lui donne longue vie
joie et santé : » en laquelle aussi « toutes
les régions et provinces envoient au Grand
Sire leurs présents. » Il cite en seconde ligne,
bien qu'avec plus de détails encore, la fête
du *chef de l'an* ou du premier de l'an.

« Il est à voir qu'ils font leur chef d'an au
mois de février... Il est d'usance que le Grand
Khan, avec tous ses sages, se vêtent de robes blanches... Et ce font-ils parce que blanche vêture semble à eux bienheureuse et
bonne. Et en ce jour toutes les gens et toutes
les provinces, toutes les régions et tous les
royaumes qui de lui tiennent terre et seigneurie, lui apportent de grandissimes présents
d'or et d'argent et de perles et de pierres
préc'euses et de maints riches draps blancs;
et ils font cela pour que toute l'année leur
seigneur ait trésors assez et qu'il ait joie et
liesse. Sachez tous voirement qu'en ce jour
il se présente au Grand Khan plus de cent

mille chevaux blancs, moult beaux et riches.
Et encore ce jour-là lui viennent ses éléphants qui bien sont cinq mille, tout couverts de beaux draps entaillés à bêtes et à oiseaux, et chacun a sur son dos deux
coffres moult beaux et riches, pleins de la
vaisselle du Seigneur et des riches harnois
pour cette cour blanche; et encore y vient
une grandissime quantité de chameaux aussi
couverts de draps et chargés des choses nécessaires à cette fête; et tous passent par-
devant le Grand Sire et c'est la plus belle
vue à voir qui fût jamais vue. Et je vous dis
que le matin de cette fête, avant que les tables
soient mises, tous les rois, tous les ducs et
marquis et comtes, barons, chevaliers, astronomes, médecins, fauconniers et maints autres officiers et gouverneurs de gens de terre
et d'armée, viennent en la grand'salle devant
le seigneur... Et quand ils sont tous placés,
chacun en son lieu, —adonc se lève un grand
prélat, et il dit à haute voix : *inclinez et adorez;*
et aussitôt que celui-ci a dit, ils s'inclinent

tous et mettent le front en terre et font leur oraison vers le Seigneur, et ils l'adorent ainsi comme s'il fut Dieu. Et en cette manière, ils l'adorent par quatre fois. Ils vont à un autel qui moult est bien orné, et sur cet autel il y a une table vermeille en laquelle est écrit le nom du Grand Khan, et encore il y a un bel encensoir; et chacun encense cette table à l'autel avec grand'révérence, puis il s'en retourne à son lieu. Et quand tous ont fait cela, alors se font les présents que je vous ai conté, qui sont de sigrand'vaillance... »

Viennent ensuite d'autres fêtes, où se conservent les traditions tartares; ce sont les grandes chasses vers le nord, « avec tigres, léopards, loups cerviers dressés à prendre bêtes, savoir : sangliers sauvages, bœufs sauvages, ours et ânes sauvages et cerfs et chevreuils, avec gerfauts et faucons, et grand'multitude de chiens. » Les veneurs se comptent par dix mille et par vingt mille; « et le Grand Sire va toujours sur quatre éléphants, là où il y a une moult belle chambre de bois, laquelle est en dedans toute couverte de drap à or battu, et, *par dehors, est de peau de lion couverte* (1)... Et quand il est tant allé qu'il est venu à un lieu appelé *Cacciarmodun,* il y trouve tendus ses pavillons et ceux de ses fils, et de ses barons et de ses amis... La tente où il tient sa cour est si grande qu'il y demeure dessous mille chevaliers, *et cette tente a sa porte vers le midi* et en cette salle demeurent les barons et autres gens. Il y a une autre tente qui tient à la première et est vers le couchant, et en celle-là demeure le Seigneur... Chacune des salles a trois colonnes de bois d'épicerie moult bien soignées : puis, *elles sont, dehors, couvertes de peaux de lions moult belles,* car elles sont toutes vergelées de noir et de blanc et de vermeil ; vent ni pluie n'y peuvent nuire. Et, dedans, elles sont toutes revêtues d'her-

(1) Marc Pol emploie partout le mot de lions, mais c'est de tigres qu'il veut parler ; la description qu'il donne de ces lions en fait foi : « Ils sont de moult beau poil et de moult belle couleur ; car ils sont tous de bandes noires et vermeilles et blanches. »

minc et de zibeline. La fine peau de zibeline, pour une robe d'homme, vaut bien deux mille besans d'or ; c'est de ces peaux que sont ces deux grandes salles du Grand Sire, ouvrées et entaillées que c'est merveille à voir. Les cordes qui tiennent les salles et les chambres sont toutes de soie.... Sachez tout voirement qu'il y a tant de gens en ce camp que c'est merveille, car il semble bien que l'on soit en la meilleure cité...Toutes choses y sont aussi bien en ordre comme en la maîtresse ville ».

Nous avons trop de chemin à faire encore pour nous arrêter plus longtemps au spectacle de ces expéditions récréatives. Ecoutons plutôt ce que dit notre voyageur du conseil suprême d'administration :

« Sachez voirement que le Grand Sire a élu douze grandissimes barons qui veillent à toutes les choses nécessaires aux trente-quatre provinces... Je vous dis tout premièrement que ces douze barons demeurent en la cité de *Cambalu*, en un palais qui est moult grand et beau... Et ainsi sachez que cesti

douze barons élisent les seigneurs de toutes
ces provinces que je vous ai dit. Et quand
ils les ont élus tels comme il leur semble qu'ils
soient bons et suffisants, ils le font savoir au
Grand Sire et le Grand Sire les confirme et
leur fait donner table d'or. Et encore sont
cesti douze barons pour pourvoir où il convient que les armées aillent et ils les envoyent
là où il leur semble, et en telle quantité qu'ils
veulent; mais toujours au su du Grand Sire.
Et ainsi font-ils de toutes les choses besoignables (nécessaires) à toutes ces provinces;
et cesti sont appelés *Scien*, qui équivaut
à dire la cour la plus grande, de sorte
qu'il n'y a au-dessus d'eux que le Grand
Sire. »

Autre merveille : « il est à voir qu'en cette
ville de Cambalu est la secque (l'hôtel de
monnaie) du Grand Sire, et elle est établie de
telle façon que l'on peut bien dire que le
Grand Sire sait l'alchimie parfaitement.
Sachez qu'il fait faire une telle monnaie : il
fait prendre écorce d'arbre, c'est écorce des

mûriers (dont les vers qui font la soie mangent les feuilles), et les pousses délicates
qui sont entre l'écorce et le bois, et de cela il
fait faire des cartes comme celles de *papier*
et elles sont toutes noires. » Il en fait de tout
prix, d'un demi-gros d'argent ou de dix
besans, « et toutes ces cartes sont scellées
du sceau du Grand Sire et il en fait faire si
grande quantité qu'il en paierait tous les
trésors du monde... Il en fait faire tous les
paiements et il les fait répandre par toutes
les provinces et royaumes et terres où il a
seigneurie, et nul ne l'ose refuser à peine de
perdre sa vie... Or je vous ai conté la manière et la raison pourquoi le Grand Sire doit
avoir et a plus de trésors que nul homme de
ce monde, et je vous dirai une plus grande
chose : c'est que tous les seigneurs du monde
ensemble n'ont aussi grande richesse
comme le Grand Sire en a à lui seul. » —
Disons à présent quelques mots de sa personne.

« Le Grand Khan, qui *Cublai khan* est

appelé, c'est-à-dire, en notre langage, le
le Grand Seigneur (1), est de la droite ligne
impériale de *Chinschins khan...* Et sachez
qu'il eut la seigneurie en l'an 1256 de la
naissance de Christ; et sachez qu'il eut la
seigneurie par sa valeur, et par sa prouesse
et par son grand sens, car ses parents et ses
frères la lui disputaient. Il y a *quarante-
deux ans* qu'il a commencé à régner jusqu'à
cette année 1298 (2). Il peut bien avoir
d'âge quatre-vingt-cinq ans. Depuis qu'il
fut seigneur, il n'alla en armée, de sa personne, qu'une seule fois et ce fut en 1286,
et je vous dirai pourquoi ». Marc Pol raconte
au long l'expédition de Cublai contre son oncle *Nayan* qui, défait en bataille et fait prisonnier, fut mis à mort « sans que le sang

(1) « Et certes il a bien ce nom à droit, ajoute le Voyageur ; car que chacun sache voirement que ce Grand Khan
est le plus puissant homme de gens, et de terres et de trésors qui fût jamais au monde ni qui soit à cette heure, depuis Adam notre premier père jusqu'à ce jour. »

(2) En 1298, Cublai Khan était mort ; il n'avait survécu
que d'un an au départ des Polo.

du lignage de l'empereur fût répandu sur la
terre ni que le soleil ou l'air le vit ». Cette
victoire assurait au Grand Khan la posses-
sion de quatre provinces : *Ciorcia, Zanli,
Barscol, Sichintingui.*

Marc Pol nous trace en ces termes le portrait de son héros : « Le Grand Seigneur
des Seigneurs est de telle façon : il est de
belle grandesse, ni petit ni grand. Il est
charnu de belle manière ; il est trop bien
taillé de tous membres ; il a son visage blanc
et vermeil comme rose, les yeux noirs et
beaux, le nez bien fait et haut. » Viennent
ensuite des détails sur le ménage impérial ;
sur les quatre femmes légitimes de Cublai ;
sur ses vingt-deux fils. « L'aîné a nom *Chin-
chin* pour l'amour *du bon Chinchins Khan,*
et celui-là doit être Grand Khan et Seigneur
de tout l'empire. — Chacune des impératrices
tient cour pour soi ; il n'y a nulle d'elles qui
n'ait trois cents damoiselles moult belles et
avenantes ; chacune d'elles a en sa cour dix
mille personnes, et je vous dis encore que

des fils qu'il a de ses quatro femmes, il y en a sept, rois des grandissimes provinces des royaumes ; et tous maintiennent bien leurs royaumes, car ils sont sages et prud'hommes et c'est bien raison : car je vous dis que leur père, le Grand Khan, est le plus sage homme et le plus prévoyant de toute chose et le meilleur régisseur de gens et d'empire, et l'homme de plus grand'vaillance qui jamais fût en toutes les générations des Tartares. »

A l'appui de ces derniers mots, il faudrait citer le 99e chapitre de Marc Pol : « *Comment le Grand Khan fait aider ses gens quand ils ont souffert en leurs blés et en leurs bêtes;* le chapitre 103e « *comment le Grand Khan fait amasser et conserver grand'quantité de blé pour secourir ses gens* »; le chapitre 104e « *comment le Grand Khan fait grand' charité à ses gens pauvres.* » — Mais voici notre guide qui remonte à cheval et refuse de nous tenir plus longtemps auprès du Grand Sire. « Adonc, dit-il, nous partirons de la cité de *Cambalu* et nous entrerons dedans le *Catai* pour conter les grandes choses et riches qui y sont » (1).

« Or sachez que messire Marc même, le Grand Sire le demande pour message vers le couchant et il partit de Cambalu et alla bien quatre mois de journée vers le couchant et, pour cela, nous vous conterons tout ce qu'il vit en cette voie, allant et venant.

» Quand il part de la ville et est allé dix milles, adonc il trouve un grand fleuve qui est appelé *Pulisanghinz,* lequel va jusqu'à la mer Océane et y vont moult marchands avec marchandises. Et dessus ce fleuve, il y a un moult beau pont de pierre; car sachez

(1) Entr'autres particularités que nous avons omis de mentionner, se trouve *une manière de pierres qui brûlent comme bûches.* — « Il est à voir, dit Marc Pol, que par toute la province de *Catai,* il y a une manière de pierres noires qui se cavent des montagnes comme veines et brûlent comme bûches; elles maintiennent le feu mieux que ne fait le bois; et je vous dis que si vous les mettez au feu le soir et les faites bien prendre, toute la nuit elles tiennen feu, si bien que l'on en trouve le matin. Bien est-il vrai qu'ils ont bois assez; mais ils brûlent de ces pierres assez parce qu'elles coûtent moins et sont épargnement de bois. » — Marc Pol n'avait pas vu les mines de charbon, de *Liège,* exploitées, dit-on, dès la seconde moitié du XII° siècle.

que ce pont n'a en tout le monde son pareil;
je vous dis qu'il est bien long de trois cents
pas et large de huit; car bien y peuvent aller
dix chevaliers de front. Il a vingt-quatre ar-
ches et vingt-quatre moulins en l'eau, et est
tout de marbre bis, moult bien œuvré et bien
assis. Il y a de chaque côté du pont un mur de
tables de marbre et de colonnes. Une colonne
de marbre est placée en tête du pont et sur la
colonne il y a un lion de marbre; et au-des-
sous de la colonne, il y en a un autre, moult
beau et grand et bien fait; et à un pas et
demi de cette colonne, est une autre colonne
aussi avec deux lions; et d'une colonne à
l'autre, le chemin est bordé de tables de marbre bis, pour que les gens ne puissent cheoir
en l'eau, et ainsi va tout le long, et c'est bien
belle chose à voir.

» Et quand l'on est parti de ce pont et
qu'on est allé trente milles par le couchan t,
rencontrant toutefois belles auberges, et vi-
gnes et champs, adonc trouve-t-on une cité
appelée *Gogui*, grande et belle. Il y a mainte

abbaye de idres. Il s'y élabore draps de soie et draps d'or, et bois de sandal, et il y a mainte auberge.

» Et quand l'on est parti de cette ville, adonc trouve-t-on, à un mille, deux chemins l'un vers le couchant qui est du *Catai*; et l'autre du midi, vers la grande province de *Mangi*. Et sachez tous voirement que l'on chevauche au couchant par la province du Catai bien dix journées et toutefois l'on trouve mainte belle cité et maint beau château de grand'marchandise et de grand art...

» Quand l'on a chevauché dix journées depuis que l'on est parti de Gogui, adonc trouve-t-on un royaume appelé *Taianfu*... et en toute la province du Catai il ne naît vin qu'en ce royaume seulement; et de la cité deTaianfu, il en va par toute la province. Il y a encore grandissime quantité de soie; car ils ont les mûriers et les vers qui font la soie, en grande abondance.

» Et quand l'on part de Taianfu, on chevauche bien sept journées au couchant

par de moult belles campagnes. Et adonc
trouve-t-on une cité qui est appelée *Pianfu*
qui moult est grandissime et de grand'vaillance, en laquelle il y a marchands assez...

» Quand l'on part de *Pianfu*, que l'on va
par le couchant deux journées, on trouve un
beau castel appelé *Caicui*, et en ce castel il y
a un moult beau palais, dans lequel il y a une
grandissime salle, là où sont portraits en
moult belles peintures tous les rois de cette
province qui furent anciennement, et c'est
moult belle vue à voir.

» Et quand l'on part de ce castel et que l'on
va par le couchant environ vingt milles, a
donc trouve-t-on un fleuve qui est appelé
Caramoran, qui est si grand qu'il ne se peut
passer par pont. Et sur ce fleuve il y a
mainte cité et château... A l'entour de ce
fleuve, par la campagne, naît gingembre et
soie en grande abondance. Il y a si grand'
multitude d'oiseaux que c'est merveille....

» Et quand on a passé ce fleuve et que
l'on est allé deux journées au couchant, on

trouve une noble cité qui est appelée *Cacianfu.*
Les gens sont tous idres et encore sachez
que tous ceux de la province du *Catai* sont
idres. Il s'y fait maint drap d'or et de soie de
toute façon...

» Et quand l'on part de la cité de Cacianfu,
on chevauche huit journées par le couchant,
— toutefois trouvant maint château et mainte
cité de grand'marchandise et de grand art et
maint beau jardin et maint beau champ; et
je vous dis encore que toute la contrée et
toute la terre est pleine de mûriers... les
gens sont tous idres.... — Adonc trouve-t-on
cette grande cité et noble de *Quengianfu* qui
moult est grande et belle et chef du royaume
de *Quengianfu...* Et maintenant en est sire
et roi l'un des fils au Grand Sire. La ville
est au couchant, et ils sont tous idres...

» Quand l'on part du palais de Quengianfu, l'on va trois journées au couchant de
moult belles plaines, toutefois trouvant villes
et châteaux assez. Au bout de ces trois jours,
l'on trouve de grand'montagnes et de grand'·

vallées qui sont de la province de *Cuncan*.
Il y a par monts et par vaux, cités et châteaux. Les gens sont idres et vivent du travail de la terre, et de bocages et de venaison. Car sachez qu'il y a mainte forêt où
sont plusieurs bêtes sauvages ; ce sont lions
et ours et loups cerviers et daims et chevreuils et cerfs. Et en cette manière chevauche-t-on vingt journées...

» Après quoi l'on trouve une province
qui est appelée *Acbalec-Mangi* qui est toute
plaine. Il y a cités et châteaux assez. Les
gens sont idres. Cette plaine où naît grande
quantité de gingembre, dure deux journées,
et moult est plantureuse terre de tous biens.
Et au bout de ces deux journées, l'on va
bien vingt journées au couchant par grands
monts et par grands vaux et par grand'forêts,
trouvant villes et châteaux assez ; les gens
sont idres.

» Au bout de ces vingt journées de montagnes on trouve une plaine et une province
qui est encore du confin du *Mangi* et est

appelée *Sindinfu*; et la maîtresse cité a nom
Sindinfu, et fut jadis moult grande et noble.
Sachez que parmi cette grand'ville va un
grandissime fleuve d'eau douce en lequel se
prennent poissons assez. Il est bien large
d'un demi-mille et profond ; il est si long
qu'il va jusqu'à la mer Océane qu'il y a plus
de quatre-vingts ou cent journées, et il est
appelé *Quiansui*; ce fleuve porte de si grandes nefs et en si grand'multitude que n'est
homme qui ne l'ait vu qui pût le croire; il ne
semble fleuve mais mer, tant il est large. Et
je vous parlerai d'un grand pont qui est dedans la ville dessus ce grand fleuve : ce pont
est tout en pierre et est bien large de huit
pas et long d'un demi-mille; dans la longueur du pont, de chaque côté, il y a colonnes de marbre, lesquelles soutiennent la couverture du pont; car je vous dis que ce pont
est couvert de trop belle couverture de bois,
toute portraite et peinte à riche peinture, et
encore il y a sur ce pont maintes maisons en
lesquelles se font marchandise et art: *si vous*

dis que ces maisons sont de bois, qu'elles
s'apportent le matin et se lèvent le soir ; et
je vous dis encore qu'il y a le bureau du
Grand Sire : c'est où se reçoit la rente (le
revenu) du Seigneur, c'est-à-dire le droit de
la marchandise qui sur ce pont se vend ; et
je vous dis que ce droit de ce pont vaut bien
mille besans d'or. Les gens sont idres.

» Part-on de cette cité et chevauche-t-on
cinq journées par plaines et par vallées, rencontrant cités et châteaux assez, alors on
trouve une province moult aride qui s'ap-
pellle *Tebet que Mangou-Khan* a détruite
par la guerre ».

Après les « cannes grosses et grandes
merveilleusement », ce qui frappe le plus le
voyageur en cette province, ce sont les pré-
liminaires des épousailles : « il est à voir, dit-
il, que nul homme en ce pays ne prendrait une
vierge à femme pour rien au monde ». Les
singulières modes du Thibet font dire au con-
teur égayé « qu'en cette contrée pourront bien
aller les jeunes de seize à vingt-quatre ». Les

gens « sont idres, ajoute-t-il, et mauvais durement. Ils vivent de chasse... Ils n'ont monnaie ni carte, mais ils font monnaie de sel. Ils
s'habillent moult pauvrement... En cette
province il y a huit royaumes et une grandissime quantité de cités et de châteaux. Il y a,
en plusieurs lieux, fleuves, lacs et monts, là où
se trouve l'or en paillette en grande quantité.
Il y naît canelle en grande abondance; en
cette province s'épand le corail et il y est
moult cher, car ils le mettent au cou de leurs
femmes et de leurs idules par grand'joie...
Et il y naît mainte épice qui oncques ne fut
vue en notre pays. Et encore je vous dis
qu'ils ont les plus sages enchanteurs et les
meilleurs astroniques (astrologues) selon
leur usance, et ces astroniques font les plus
terribles enchantements et les plus grandes
merveilles à ouïr et à voir, par art du diable,
ce qui n'est pas bon à conter en notre livre,
parce que trop s'en émerveilleraient les gens.
Cette province de Tebet est au Grand Khan ».

Passons à une autre province. « *Gaindu*

est une province vers le couchant, et n'a qu'un roi. Ils sont idres et sont au Grand Sire; il y a cités et châteaux assez; ils ont un lac où ils trouvent mainte perle. Sachez qu'il y a or en barre et ils le pèsent à sacs, et selon qu'il pèse, il vaut; mais ils n'ont pas de monnaie monnayée. Ils n'ont vin ni vigne. mais ils font vin de froment et de riz avec mainte épicerie, et c'est moult bonne boisson. En cette province il naît girofle assez; c'est un petit arbre, qui a feuille comme laurier, un peu plus longue et plus étroite; il a fleur blanche et petite (1). Ils ont encore gingembre en abondance et canelle aussi et d'autres épices assez qui ne viennent oncques en notre pays.

« Et quand l'on part de Gaindu, et que l'on chevauche bien dix journées, rencontrant maint château, alors on trouve un grand fleuve qui est appelé *Brius*, et en ce fleuve se trouve grande quantité d'or en paillette ; il va en la mer Océane.

(1) C'est cette fleur qui nous arrive en boutons sous le nom de *clou de girofle.*

» Quand l'on a passé ce fleuve, adonc se trouve-t-on en la province de *Carajan* qui est si grande que bien il y a sept royaumes. Elle est vers le couchant, les gens sont idres; ils sont au Grand Khan, et ont un de ses fils pour roi. A cinq journées du fleuve que je vous ai dit, trouvant en chemin villes et châteaux assez, l'on arrive à la maîtresse-cité qui est appelée *Jaci* qui moult est grande et noble; il y a marchands et hommes d'art assez. Ils sont de plusieurs manières; car il y a gens qui adorent Mahomet et des idres et puis des christiens qui sont nestoriens. Ils ont monnaie en telle manière : car ils prennent porcelaine blanche, celle qui se trouve en la mer et se met au cou des chiens; et quatre-vingts porcelaines valent un sac d'argent qui sont deux gros de Venise. Ils ont aussi saline de laquelle ils font sel. » Les habitants mangent la chair crue de poule, de mouton, de bœuf, de buffle « à la sauce d'ail. »

» Quand on part de la cité de Jaci et que

l'on va dix journées au conchant, adonc trouve-t-on la province de *Caraiam*; la capitale est appelée *Cariam*; les gens sont idres
et sont au Grand Khan et en est roi un des
fils du Grand Khan. L'or y abonde dans les
fleuves et dans les montagnes; et en cette
province naissent les grandes couleuvres et
tes grands serpents qui sont si démesurés
que tout homme en doit avoir merveille et
sont moult hideuse chose à voir et à regarder... Or sachez pour vérité qu'il y en a de
longs de dix pas qui portent en grosseur
dix paumes, ils ont deux jambes devant près
de la tête qui n'ont pas de pied, fors un ongle fait comme ongle de faucon ou de lion...
Leur bouche est si grande que bien elle en-
gloutirait un homme en une fois. » Marc
Pol décrit au long le crocodile; il raconte la
manière dont on le prend, et relate les diverses propriétés de son fiel. L'espace nous
manque pour le suivre en tous ces curieux
détails. Reprenons notre route.

« Quand l'on part de Caraiam, continue-

t-il, et que l'on va par le couchant cinq
journées, adonc on trouve une province qui
s'appelle *Ardadan*; les gens sont idres et
sont au Grand Khan; la maîtrese ville
est appelée *Nocian.* » Suit un long exposé des
enchantements et sortiléges de l'*Ardadan*;
puis, en trois chapitres, le récit de la sou-
mission du royaume de *Mien* et de *Bengala*,
aux armes du Grand Khan. « Il advint, dit
le narrateur, que le roi de Mien et de Bengala qui moult était puissant roi et de terres
et de trésors et de gens, eut deux mille éléphants moult grands et fit faire sur chacun
d'eux un château de bois, moult fort et fort
bien fait et sur chaque château il y avait au
moins douze hommes pour combattre, et, en
tel, plus... » Après cette digression histori-
que, le narrateur se remet « à la voie. »

» Quand on part, dit-il, de cette province
d'Ardadan, adonc commence-t-on à descen-
dre par une grande descendue; car sachez
tous voirement que l'on va bien deux journées
et demie et il n'y a chose à rappeler, si ce

n'est qu'il y a une grande place où il se fait
un grand marché...

» Et quand on a descendu ces deux journées et demie, adonc trouve-t-on une province qui est vers le midi et est aux confins
de Indie, et est appelée *Mien*; l'on va quinze
journées par lieu moult écarté et par grand'
forêt, là où il y a éléphants assez et unicornes assez, et autres diverses bêtes sauvages;
il n'y a homme ni maison.

» Et au bout de ces quinze journées de
chevauchée, l'on trouve une cité qui est appelée *Mien,* qui moult est grande et noble et
chef du royaume. Les gens sont idres et ont
langage pour eux. Ils sont au Grand Khan.
Il faut savoir que cette cité eut jadis un riche roi et puissant, qui commanda que sur
sa tombe fussent faites deux tours, une d'or
et une d'argent; la première était de belle
pierre, puis recouverte d'or à l'épaisseur d'un
doigt; elle en était si couverte qu'il semblait
qu'elle fût d'or seulement, ronde, haute bien
de dix pas et grosse à proportion et tout à

l'entour elle était pleine de clochettes dorées qui sonnaient toutes les fois que le vent les frappait ; et l'autre tour qui était d'argent était toute semblable. » Le Grand Khan lors de la conquête du royaume ordonna de respecter ces tombeaux.

» *Bengala,* continue le voyageur, est une province au midi, laquelle, en l'an 1290 de la nativité de Christ, quand moi, Marc, j'étais à la cour du Grand Khan, il n'avait pas encore conquise ; mais toutefois les armées et les gens y étaient pour la conquérir. Cette province a rois et langage pour elle. Les gens sont idres ; ils sont sur les confins de Indie ; ils ont coton assez ; ils ont épice et galanga et gingembre et sucre. Il y a maint eunuque et de là les ont tous les barons et seigneurs qui entourent ces provinces. Les idres y viennent, y achètent les eunuques et des esclaves aussi assez, et puis ils les mènent revendre par mainte autre partie.

» *Cangigu* est une province vers le Levant ;

il y a roi, les gens sont idres et ont langage pour eux; ils se sont rendus au Grand Khan et lui paient tribut. **Et *si vous dis*** que ce roi est si luxureux qu'il a bien trois cents femmes; il se trouve en cette province de l'or assez et de chères épiceries en grande abondance. Les hommes et femmes ont tous leur chair peinte au visage, au cou, au ventre, aux mains, aux jambes et partout le corps, et ils le font par grand'gentillesse...

» *Amu* est une province qui est vers le Levant qui est au Grand Khan; les gens sont idres... Les dames portent aux jambes et aux bras, des bracelets d'or et d'argent de grandissime valeur et les hommes aussi; ils ont grande abondance de toute chose de vivre. Et sachez que de cet Amu à Cangigu qui est derrière, il y a quinze journées, et de Cangigu à Bengala qui est la troisième province en arrière, il y a trente journées. — Or nous irons à une autre province qui est loin d'Amu bien huit journées vers le Levant, et a nom *Toloman*. Les gens sont

idres et ont langage pour eux; ils sont au
Grand Khan. Ils sont moult belles gens et
ne sont pas bien blancs, mais bruns.

» Et quand on part de Toloman et que l'on
va douze journées sur un fleuve où se voient
villes et châteaux assez, adonc trouve-t-on
la cité de *Sinugul* qui moult est grande et
noble. Les gens sont idres et sont au Grand
Khan... Et *si vous dis* qu'ils font drap d'é-
corce d'arbre et les draps sont moult beaux
et se vêtent l'été. Ils n'ont d'autre monnaie
que la carte du Grand Khan. Il y a tant de
cions (de tigres) que nul homme ne peut
dormir la nuit hors de la maison. » Marc
Pol donne ici de curieux détails sur la chasse
aux tigres. « Et sachez tous voirement, continue-t-il, que l'on va encore par ce fleuve
douze journées, trouvant toutefois cités et
hâteaux en grande abondance; après quoi
l'on se trouve à *Sindinfu* dont ce livre a
parlé en arrière.

» Et de Sindinfu l'on chevauche bien
soixante-dix journées par provinces et par

terres, en lesquelles nous sommes allés et l'avons écrit en notre livre en arrière. Au bout de ces soixante-dix journées, l'on trouve *Guingui*. Et au bout de quatre journées encore, on trouve *Cacianfu* qui est au midi et est de la province du *Catai*... Puis, à trois journées au midi : *Cianglu*, moult grande cité du Cafai, aux salines moult abondantes. Puis à cinq journées au midi, *Cinagli*, cité du Catai, par laquelle va un grand et large fleuve, par où monte et descend une grandissime quantité de marchandises de soie et d'épicerie et d'autres chères choses.

» Quand on part de Cinagli l'on va six journées vers le midi et toutefois trouvant cités et châteaux assez et de grand'vaillance, mais il n'y a chose à citer et pour cela, nous parlerons de *Condinfu*; je vous dis que c'est la plus noble cité qui soit en toute cette contrée... Et sachez tous voirement que cette cité de Condinfu a sous sa seigneurie onze cités impériales ». Marc Pol raconte en passant la rébellion et le châtiment d'un gouverneur de Condinfu, en 1272; puis il repart.

« Quand on laisse Condinfu, dit-il, et que l'on va trois journées au midi, on trouve la noble cité de *Singuimatu* qui {moult est grande et riche et de grande marchandise et de grand art. Les gens sont idres et sont au Grand Khan. Et *si vous dis* qu'ils ont un fleuve duquel ils ont grand profit : il est à voir que ce grand fleuve vient du midi jusques à cette cité de Singuimatu et de ce grand fleuve les hommes de la ville en ont fait deux : car ils en font aller une moitié vers le levant et l'autre vers le couchant.... Et *si vous dis* que cette navigation porte au Mangi et au Catai une si grande abondance de marchandise que c'est merveille...

» Quand on part de cette ville de Singui, et que l'on va par le midi huit journées, rencontrant toutefois cités et châteaux assez qui moult sont nobles et riches et de grande marchandise et de grand art, alors on trouve une cité qui est appelée *Lingui* comme la province, et est le chef du royaume. Elle

6

est encore sur le fleuve que je vous ai dit ci-dessus.

» Quand on part de la cité de Lingui, et que l'on va trois journées par le midi et toutefois rencontrant cités et châteaux assez et bons (les gens sont du Catai, et idres ; ils ont grande abondance de toute chose à vivre), alors on trouve une cité qui est appelée *Pingui* qui moult est grande et noble et de grande marchandise et de grand art. Ils ont soie en grandissime abondance. Cette cité est à l'entrée de la grande province de *Mangi...* C'est une cité qui rend grand profit au Grand Khan.

» Et quand on part de la cité de Pingui on va deux journées par le midi à travers des contrées moult belles et riches de tous biens, là où il y a venaison assez de toutes bêtes et d'oiseaux. Et au bout de ces deux journées, on trouve la cité de *Cingui* qui moult est grande et riche, de marchandise et d'art.

» Quand on part de cette ville de Cingui,

on va bien trois journées par le midi, là où
l'on trouve de belles campagnes et de beaux
châteaux, de belles fermes et de beaux
champs, venaison assez et abondance de tous
blés, au bout de ces trois journées, l'on trouve
le grand fleuve de *Caramoran* qui vient de
la terre de *Une-Khan* ou du *Prêtre-Jean,*
qui moult est grand et large; car sachez
qu'il est large d'un mille. Il est moult profond de façon que bien y peuvent aller de
grands navires. Il y a poisson assez et du
grand. Il y a bien sur ce fleuve quinze mille
nefs qui toutes sont au Grand Khan, pour
porter ses armées à l'île de la mer. Car je
vous dis que la mer est à une journée de ce
lieu... Et il y a une cité de çà et de là, en
face l'une de l'autre : l'une a nom *Coigangui*
et l'autre a nom *Caigui*... Et quand on
passe ce fleuve, adonc entre-t-on en la grande
province de *Mangi* ».

Mangi.

Avant de continuer sa route, le narrateur
se repose un instant à raconter la conquête
du Mangi par Cublai-Khan; conquête com-
mencée en 1268 et achevée pendant le séjour de Marc Pol à la cour tartare. « Il n'y
a nulle cité, dit-il, qui n'ait, autour, eau
large de plus d'une portée d'arc et moult pro-
fonde; et je vous dis que si les gens eussent
été hommes d'armes, jamais ils ne l'eussent
perdue. Car je vous dis qu'en toutes les cités
on entre par pont. » L'armée de Cublai mar-
cha droit à la capitale; le roi « qui moult était
grand roi et puissant de trésors et de gens et
de terres, si bien qu'il n'y avait au monde
plus grand roi, n'était le Grand Khan », —
le roi s'enfuit à la mer Océane. La reine ré-
sista seule, puis se rendit enfin, *quand elle
sut le nom* du chef de l'armée qui l'assiégeait
« Et ce fut une grande conquête; car en tout

le monde il n'y avait nul royaume qui de moitié valût celui-ci; le roi avait tant à dépenser
que c'était merveilleuse chose. Sachez que
chaque année il faisait nourrir bien vingt
mille petits enfants, et je vous dirai comment :
en ces provinces se jette l'enfant aussitôt
qu'il est né, et ainsi font les pauvres femmes
qui ne le peuvent nourrir. Et le roi les faisait
tous prendre et élever... Ce roi maintenait
son royaume en si grande justice que nul
n'y faisait mal et les maisons y restaient la
nuit, tout ouverte; et aussi y pouvait-on
aller de nuit comme de jour... »

Marc Pol ne dit point sur quels titres
Cublai Khan se fondait pour déposséder un
si bon roi; il fait observer que la reine, fut,
par ordre du vainqueur, « honorée et servie
chèrement comme grande dame »; puis il se
met à parcourir le pays conquis. Il nous y
introduit par cette ville de *Coigangui* dont
il nous a parlé tout-à-l'heure.

« Quand on part de Coigangui, dit-il, l'on
va vers le midi une journée par une chaussée

qui est à l'entrée du *Mangi* ; et cette chaussée est faite de moult belles pierres, et le long de la chaussée, de chaque côté, il y a eau. Et il ne se peut entrer en la province que par cette chaussée. Au bout d'une journée l'on trouve une cité qui est appelée *Panchine* qui moult est belle cité et grande. » Ici comme à toutes les villes de Mangi et du Catai, Marc Pol ajoute : « *Les gens sont dres, et font brûler leurs corps morts. Ils sont au Grand Khan ; ils ont monnaie de carte ; ils vivent de marchandise et d'art ; ils ont soie en grande abondance ; ils font draps de soies et draps dorés de mainte façon ; des choses de vivre ils en ont à grande planté.* »

« Quand on part de la cité de Panchine, l'on va par le midi une journée ; adonc trouve-t-on une cité qui est appelée *Caiu* qui moult est grande et noble... L'on y aurait, pour un gros d'argent de Venise, trois faisans. »

« Or sachez que quand l'on part de la cité

de Caiu, l'on va une journée, rencontrant toutefois châteaux assez et champs et fermes, et adonc on trouve une cité qui est appelée *Tingui*... et encore sachez qu'à gauche vers le levant, à trois journées d'ici, est la mer Océane, et de la mer Océane jusqu'ici, en tous les lieux, se fait le sel par grandissime quantité; et il y a une cité appelée *Cingui* qui moult est grande et riche et noble; et à cette cité il se fait tant de sel que toute la province en a assez; et *si vous dis* voirement que le Grand Khan en a grande rente et si merveilleuse qu'à peine le pourrait-on croire, si on ne le voyait.

» Quand l'on part de Tingui, l'on va au midi par moult belle contrée où il y a châteaux et hameaux assez, et l'on trouve une noble cité qui est appelée *Yangui*, et sachez qu'elle est si grande et si puissante qu'elle a bien sous sa seigneurie vingt-sept cités grandes et bonnes. En cette cité siège un des douze barons du Grand Khan, car il est élu par un des douze sages. *Messire Marc Pol*

même, celui de qui traite ce livre, *seigneuria*
(gouverna) *cette cité pendant trois ans.* Il
s'y fait harnois de chevaliers et d'hommes
d'armes en grandissime quantité... » Suit
une digression sur *Nanghin* et *Saianfu.*

» *Nanghin*, dit le voyageur, est une province vers le couchant et est du Mangi même.
Il y a maint riche marchand, et le Grand
Sire en a moult grand tribut et grand'rente.
Saianfu est une cité grande et noble qui a
bien sous sa seigneurie douze cités, grandes
et riches... elle a toutes les nobles choses
qu'à noble cité il convient. » C'est la ville à
la prise de laquelle contribuèrent les Polo
par l'emploi de leurs machines de guerre :
« Cela advint, dit le narrateur, par la *bonté*
de messire Nicolao, de messire Mafeo et de
messire Marco, et ce ne fut pas petite chose.
Car sachez que cette cité et sa province est
bien une des meilleures que possède le Grand
Khan ; car il en a grand'rente et grand profit. » Notre guide reprend ici sa première
route.

» Or sachez, dit-il, que quand on part de la cité de Yangui et que l'on va au midi quinze milles, on trouve une cité qui est appelée *Singui*; elle n'est pas trop grande, mais elle est de grande marine et de grande marchandise ; sachez qu'elle est sur le plus grand fleuve qui soit au monde, qui, est. appelé *Quian*; il est large, en tel lieu, de dix milles ; en tel lieu, de huit et en tel lieu, de six ; et il est long de plus de cent journées... et *si vous dis* que ce fleuve va si loin, et par tant de parties, et tant de cités sont dessus, que je vous dis voirement que par ce fleuve il va plus de navires et avec de plus chères choses et de plus grand'vaillance, qu'il ne s'en mène par tous les fleuves de christiens ni par toute la mer. Car je vous dis que j'y ai vu à cette cité, bien cinq mille nefs en une fois qui toutes naviguent par ce fleuve : adonc pouvez-vous bien penser, puisque cette cité n'est pas trop grande et a tant de nefs, — de ce que sont les autres. *Si vous dis* que ce fleuve va par plus de

seize provinces, et ainsi il y a dessus plus de
deux cents cités grandes, qui toutes ont plus
de navires que celle-ci. Les nefs sont couvertes et ont un arbre (un mât), mais elles
sont de grand'portée, car je vous dis qu'elles
portent de quatre mille cantar à douze mille,
de poids, au compte de notre pays... »

« *Caigui* est une petite cité et est vers le
midi, sur le fleuve ; il s'y recueille une grandissme quantité de blé et de riz ; et de cette
cité, il se porte jusques à la grande cité de
Cambalu à la cour du Grand Khan, — *par
eau* ; ne entendez par mer, mais *par fleuve
et par lac...* Et *si vous dis* que le Grand
Khan a fait ordonner ce *chemin d'eau* de
cette ville jusqu'à Cambalu : car il a fait un
fossé grandissime et large et profond d'un
fleuve à un autre et d'un lac à un autre, et
il y a fait aller l'eau, de telle sorte qu'elle
semble être un grand fleuve et y vont bien
de grandes nefs : et en cette manière l'on va
du Mangi jusqu'à la cité de Cambalu. Et
encore je vous dis que l'on y peut aussi aller

par terre ; car auprès de ce chemin d'eau
(de ce canal) va la chaussée par terre ; et de
cette manière on peut aller par eau et par
terre, comme vous l'avez entendu.

» Et au milieu de ce fleuve, en face de
cette cité, il y a une île de rochers en laquelle
il y a un monastère d'idres qui a deux cents
frères, et en ce grand monastère il y a une
grandissime quantité d'idules ; et sachez que
ce monastère est chef de maint autre, et qu'il
est ainsi comme un archevêché...

» *Cinghianfu* est une cité du Mangi. »
Après la répétition de ses formules habi-
tuelles, le voyageur ajoute : « il y a deux
églises de christiens nestoriens et cela advint
après l'an 1278 de l'incarnation de Christ, »
qu'un Nestorien, gouverneur pour le Grand
Khan, fit faire ces deux églises. « Il n'y
avait auparavant, dit Marc Pol, ni église n
christiens. »

» Quand l'on part de la cité de Cinghianfu,
l'on va trois journées au midi, toutefois rencontrant cités et châteaux assez, de grande

marchandise et de grand art. Et au bout de ces trois journées l'on trouve la cité de *Cinghingui* qui moult est grande et belle... » Marc Pol ne nous arrête ici que le temps nécessaire pour raconter une révolte de cette ville, suivie d'un massacre. « Or, dit-il, nous partirons d'ici et irons en avant... » Partons donc.

» *Tingui* est une très-noble cité et grande; elle est si grande qu'elle porte bien quarante milles de tour. Il y a si grandissime quantité de gens que nul n'en pourrait savoir le nombre, et *si vous dis* que si les gens de la province de Mangi étaient hommes d'armes, ils conquerraient *tout l'autre monde*; mais je vous dis qu'ils sont sages marchands et habiles hommes de tout art et *à si grand filosofe et grand'mire naturel qu'ils étudient moult bien la nature.* Et *si vous dis* tout voirement qu'en cette cité il y a bien six mille ponts de pierres que bien y passerait par dessous une galère et deux... Je vous dis que pour un gros de Venise, y aurait-on bien quarante livres de gingembre frais qui moult est bon. Et sachez qu'elle a sous sa seigneurie seize cités moult grandes et de grand'marchandise et de grand'art; les gens sont idres.

» Or nous partirons de Tingui et irons à autre une cité qui est appelée *Vugui*, qui est à une journée loin ; elle est moult grande cité... — Et nous partirons d'elle et vous conterons d'une autre cité qui est appelée **Vughin**, et c'est encore une moult grande cité et noble... — Or nous partirons de cette cité et vous conterons de la ville de *Ciangan*, moult grande et riche... »

Nous approchons de la capitale du Mangi.

« Quand on part de la cité de Ciangan, l'on va trois journées, là où il y a mainte cité et maint château de grand'noblesse et de grand'richesse... Adonc trouve-t-on la nobilissime cité qui est appelée *Quinsay* qui équivaut à dire en français la cité du ciel ; et puisque nous y voici, nous vous conterons toute sa grande nobilité, parce que cela fait bien à conter et que c'est sans faille la plus noble cité et la meilleure qui soit au monde. »

La reine du Mangi avant de livrer cette ville avait fait envoyer au Grand Khan la description écrite de ses monuments, « afin qu'il ne la fît détruire ni gâter ; et en cette écriture ne se contenait que vérité, selon que moi, Marc Pol, je l'ai vu, depuis, apertement de mes yeux. Il se contenait tout première-ment : *la cité de Quinsay porte environ cent milles de tour, et a douze mille ponts de pierre et par chacun de ces ponts ou par la plus grande partie pourrait bien passer une nef par dessous son arche ; et par les autres pourrait passer une moindre nef.* Et que nul ne se fasse merveille s'il y a tant de ponts, parce que je vous dis que cette ville est toute en eau et est environnée d'eau : et pour cela, il convient que maint pont il y ait pour aller par tout chemin. Et encore il y était dit que cette cité avait douze arts, de chaque métier un art, et chaque art avait douze mille états, c'est-à-dire maisons, et en chaque état était au moins dix hommes, et en telle quinze, et en telle trente, et en telle quarante ; et n'entendez pas tous maîtres, mais hommes qui font ce que commande le maitre. Il y a tant de marchands et de si riches qui font si grand'marchandise, que n'est homme qui pût dire la vérité tant c'est démesurée chose. Et encore je vous dis que les grands et leurs femmes et encore tous les chefs des états et des arts que vous ai conté, ne font nulle chose de leurs mains, mais demeurent aussi déliement et aussi nettement comme s'ils fussent rois et leurs dames aussi sont moult déliée et angélique chose.

« Et *si vous dis* qu'il était établi par leur loi que chacun doit faire le métier de son père et eût-il cent mille besans, nul ne pourrait faire autre art que celui de son père.

« Et encore je vous dis que vers le midi, il y a un lac qui porte bien trente milles de tour et tout à l'entour il y a maints beaux

palais et maintes belles maisons si merveilleusement faites que ne pourraient être mieux
variées ni faites plus richement... et encore
il y a mainte abbaye et mainte église des
idules qui moult sont en grande quantité. Et
encore je vous dis qu'au milieu du lac, il y a
deux îles qui ont chacune un moult merveilleux palais et riche, si bien fait et harnaché
qui semble bien palais d'emperaor. Il y a
mainte belle maison en la ville et par toute
la cité, et la grande tour de pierre là où les
gens portent toutes leurs choses quand par
la cité se prend feu ; sachez que moult souvent il prend feu en la ville parce qu'il y
a plusieurs maisons de bois... et encore je
vous dis qu'en chacun des douze mille ponts
sont de garde dix hommes pour chaque nuit
et chaque jour... Le Grand Khan fait moult
bien garder cette ville, parce qu'elle est chef
et siége de toute la province de *Mangi* et
parce qu'en cette cité il a, le Grand Sire,
grand trésor et grand'rente, si grand même
que qui l'entendrait dire, à peine le pourrait

croire. Il la fait aussi garder, le Grand Sire, si bien et a tant de gens, par doute qu'elle ne se révolte.

» Et sachez tous voirement qu'en cette ville il enastra (il pava) toutes les voies, de pierre et de brique, et ainsi sont pavées toutes les voies et toutes les chaussées de toute la province de Mangi, de sorte, que l'on y peut chevaucher tout proprement et à cheval et à pied, et encore je vous dis qu'en cette ville il y a bien quatre mille bains. Ce sont étuves là où les hommes prennent grand plaisir et y vont plusieurs fois le mois, car ils vivent moult nettement de leur corps, et *si vous dis* que ce sont les plus beaux bains et les meilleurs et les plus grands qui soient au monde.

» Et encore je vous ferai savoir qu'à vingt cinq milles de cette cité est la mer Océane entre Grec et levant (entre l'est et le nord-est), et là, est une cité appelée *Ganfu* qui est moult bon port, et il y vient de grandissimes navires et de grandissimes marchandises

d'Indie et d'autres parts. Et de cette cité-ci à
ce port, il y a un grand fleuve, que les nefs
peuvent venir jusqu'à cette cité, et encore
va ce fleuve plus loin.

» Et en cette cité de Quinsay demeure un
des neuf rois di *Mangi*, qui gouverne plus
de cent quarante cités, grandes et riches.
Et *si vous dis* encore une chose donc vous
serez moult émerveillé, car, je vous dis,
qu'en la province de Mangi il y a bien *mille
deux cents* cités, et en chacune il y a une
garde pour le Grand Khan. Sachez tous voirement que en celle de ces cités qui a le
moins de garde, il y a mille hommes; et il y
a telle de ces cités qui est gardée par dix
mille, et telle qui l'est par vingt mille et telle
qui l'est par trente mille, si bien que ces gardes
sont en tout et en si grand nombre qu'à peine
se peuvent-elles compter. N'entendez que ces
hommes soient tous Tartares, mais ils sont du
Catai... et sommairement je vous dis comme
toute vérité, que l'affaire de la province du
Mangi est si grande chose et de richesse et de

rente et de profit pour le Grand Khan que n'est homme qui l'entendit conter et ne le vit, qui le pût croire. Et à peine se pourrait écrire la grande nobilité de cette province et, pour ce, je m'en tairai ; ou du moins, ne vous en parlerai-je guère ; mais pourtant je vous en dirai quelque chose, et puis nous en partirons.

» En cette cité de Quinsay est le palais de l'ancien roi de Mangi, qui est le plus beau et le plus noble qui soit au monde, je vous en dirai quelque chose : sachez que ce palais porte bien dix milles de tour et est muré de hauts murs, tous à créneaux et dedans les murs sont de beaux jardins avec tous des bons fruits que l'homme peut varier. Il y a mainte fontaine et plusieurs lacs... et au milieu est le palais moult grandissime et beau. Il a une si grande salle et si belle qu'une grandissime quantité de gens y pourrait demeurer et manger à table. La salle est toute portraite et peinte à peintures d'or et il y a maintes statues, et maintes bêtes, et oiseaux, et chevaliers, et dames et maintes

merveilles; c'est une moult belle vue; car
en tous les murs et en tous les plafonds ne
pourrait-on rien voir que peinture à or. Et
que vous en dirai-je? je vous en dirai briè-
vement que ce palais a vingt salles et elles
sont si grandes que dix mille hommes y
pourraient manger à table aisément, et elles
sont toutes peintes à peintures d'or moult
noblement; et *si vous dis* que ce palais a
bien mille chambres...

» Et encore sachez tous voirement qu'en
cette cité de Quinsay il y a cent soixante tomains de feux, c'est-à-dire cent soixante
tomains de maisons, et je vous dis que le
tomain est dix milles, et adonc devez savoir
que ce sont en somme un million et six cent
mille maisons, entre lesquelles il y a une
grandissime quantité de riches palais. Il y a
une église à Christiens Nestoriens seulement.

» Sachez que tous les bourgeois de cette
cité, et encore de toutes les autres, ont une
telle coutume et usance : car chacun a sur
la porte de sa maison écrit son nom et celui

de sa femme, et ceux de ses fils, et ceux des
femmes de ses fils et ceux de ses esclaves et
de tous ceux de sa maison : et encore il y
est écrit combien de chevaux il tient. Et s'il
advient que quelqu'un meurt, ils font ôter
son nom, et si quelqu'un naît, ils font ajouter
son nom. Et de cette manière le seigneur de
chaque cité sait toutes les gens qu'il a en
sa ville; et se fait ainsi par toute la province
du Mangi et par toute celle du Catai... Sachez que tous ceux qui tiennent auberge
écrivent le nom de ceux qu'ils hébergent, le
jour, le mois, de sorte que toute l'année le
Grand Khan peut savoir qui va et vient
par sa terre, et c'est bien chose qui appar-
tient à de sages hommes.

» Or je vous veux conter la grandissime
rente que le Grand Khan a de cette cité de
Quinsay et des terres qui sont sous la seigneurie de cette cité, laquelle est une des
neuf parties de la province de Mangi. Or je
vous conterai premièrement du sel, pour ce
qu'il vaut à rente. Or sachez tous voire-

ment que le sel de cette ville produit, chacun
an, crument quatre-vingts tomains d'or ; et
chaque tomain est soixante-dix mille sacs
d'or ; les quatre-vingts tomains montent à
cinq millions et six cent mille sacs d'or ; chaque sac vaut plus d'un florin d'or ou d'un
ducat d'or, et c'est bien une merveilleuse
chose et un grandissime nombre de monnaie.
Et puisque je vous ai dit le sel, je vous dirai
des autres marchandises.

» Je vous dis qu'en cette province il naît
et se fait plus de sucre qu'il ne s'en fait *en
tout l'autre monde*, et c'est encore une grandissime rente ; mais je ne vous parlerai de
chaque chose séparément, et je vous dirai
de toutes les épiceries ensemble. Car sachez
que toutes les épiceries rendent trois et un
tiers pour cent et toutes les marchandises rendent trois et un tiers pour cent ; et du vin
qu'ils font de riz, le Grand Sire a aussi grand'
rente, et des charbons et des douze arts que
je vous ai dit déjà (qui sont, chaque art, douze
mille états), de ces arts il a de grandissimes

rentes : car de toute chose ils paient droit;
et de la soie, qu'ils ont en si grande abondance, est grandissime le droit : et pourquoi
vous ferais-je long compte ? Sachez que de la
soie, il se donne dix pour cent et cela monte
à une démesurée somme; et il y a mainte
autre chose qui paie encore dix pour cent,
au point que, moi, Marc Pol, qui plusieurs
fois ai entendu faire le compte de la rente de
toutes ces choses, je sais que le sel, habituel-
lement, par chaque an, vaut deux cent dix
tomains d'or, qui valent quinze millions et sept
cent mille, et c'est bien des plus démesurés
nombres de revenus d'argent qui se ouït jamais compter *et ce n'est qu'une des neuf par
ties de la province de Mangi...* »

Mais laissons Quinsay et continuons notre
revue des villes du Mangi. « Quand on
part de Quinsay et que l'on va au midi une
journée, rencontrant toutefois maisons et
jardins moult délectables, on trouve la cité de

Tampigui qui moult est grande et belle...
— Et quand on part de cette cité et que l'on
va trois journées au midi, rencontrant toutefois cités et châteaux assez moult grands
et beaux, l'on trouve une cité appelée *Vulgui*... — Or sachez que quand on part de
Vulgui et que l'on va deux journées au midi,
rencontrant toutefois tant de villes et de châteaux qu'il vous semble aller par une
cité, adonc on trouve une cité appelée *Chengui*, moult grande et belle... — Et quand on
part de la cité de Chengui et que l'on va quatre journées au midi, rencontrant toutefois
cités et châteaux assez, de la seigneurie de
Quinsay, adonc trouve-t-on la cité de *Cian-
cian* qui moult est grande et belle et est sur
un mont qui partage le fleuve; et est encore
de la seigneurie de Quinsay... — Et sachez
qu'au bout de ces trois journées, au midi,
par moult belle contrée, l'on trouve la cité de
Cugui qui moult est grande et belle et est la
dernière cité de la seigneurie de Quinsay...

« Quand on part de la cité de Cugui, adonc entre-t-on dans le royaume de *Fugui* qui est une autre des neuf parties du *Mangi...* Et l'on va six journées au midi par montagnes et par vallées, là où l'on trouve cités et châteaux et hameaux assez. Sachez qu'à trois de ces dix journées, l'on trouve la cité de *Quenlifu* qui moult est grande cité et noble. Cette cité à trois beaux ponts des plus beaux et des meilleurs du monde ; car ils sont bien longs d'un mille et larges de neuf pas et sont tous de pierre et de colonnes de marbre... Ils ont de belles dames et encore il y a une étrange chose qu'il fait bon de rappeler ; car je vous dis qu'il y a là des poules qui n'ont pas de plumes, mais ont peau et poil comme chat et sont toutes noires. Elles font des œufs comme celles de nos pays et sont moult bonnes à manger...

» Et *si vous dis* que dans les trois autres journées l'on rencontre encore mainte cité et maint château ; à la dernière de ces trois journées, à quinze milles, l'on trouve une cité qui est appelée *Ungen* et il s'y fait une grandissime quantité de sucre. A quinze milles de Ungen, l'on trouve la noble cité de *Fugui* qui est chef de tout le royaume, c'est-à-dire d'une des neuf parties du Mangi... Il y demeure une grandissime quantité d'hommes d'armes, parce que, par le pays, maintes fois se révoltent les cités et les châteaux. Sachez qu'à travers cette cité passe un grand fleuve qui est large d'un mille; et en cette cité se font maintes nefs qui naviguent par ce fleuve; il s'y fait du sucre en si grande abondance qu'il ne se pourrait compter : il s'y fait grand commerce de perles et de pierres précieuses; et c'est parce qu'il y vient mainte nef avec maints marchands qui vont par les îles de Indie. Et encore je vous dis que cette ville est proche le port de *Zaiton*, en la mer Océane...

» Or sachez que quand on part de Fugui, qu'on passe le fleuve et qu'on va cinq journées au midi (toutefois rencontrant cités et châteaux et fermes qui sont moult nobles et belles, là où il y a de toutes choses grand'-richesse; il y a monts et vallées et plaines; il y a grandissimes forêts, là où il y a maint arbre de ceux qui font le camphre)..., adonc on trouve une cité qui est appelée *Zaiton*, qui moult est grande et belle; à cette cité est le port où toutes les nefs d'Indie viennent avec mainte marchandise et chère et avec mainte pierre précieuse de grand'valeur et avec maintes perles et grosses et bonnes. A ce port va et vient si une grande abondance de marchandises et de pierres que c'est merveilleuse chose à voir; et de cette cité et de ce port va-t-on bien par toute la province de Mangi. *Et si vous dis que pour une nef de poivre qui va à Alexandrie ou en autre lieu pour être portée en terre de christiens, il en vient à ce port de Zaiton, cent.* Car sachez que ce port est *l'un des deux ports du monde* où il vient plus de marchandise. » Inutile de demander à Marc Pol quel est l'autre.

» *Si vous dis* que le Grand Khan reçoit en

ce port et en cette ville de grandissimes
droits, parce que je vous fais savoir que toutes les nefs qui viennent de Indie, donnent
de toutes pierres et perles dix pour cent, et
il en est de même de toutes choses. Les
nefs prennent pour leur loyer trente pour
cent; et du poivre elles prennent quarante
pour cent et du bois d'aloès et d'autres grosses marchandises elles prennent quarante
pour cent... Et par là, chacun doit penser
que le Grand Khan a de cette ville une
grandissime quantité de trésors...

» Et encore je vous dis qu'en cette province est une cité qui est appelée *Tinagui*,
où se font des écuelles de porcelaine, grandes et petites, les plus belles que l'on puisse
dire. Il ne s'en fait en aucune autre partie,
si ce n'est en cette cité; et de là elles se portent par tout le monde; et il y en a si grand
marché, que bien aurait-on pour un gros de
Venise trois écuelles si belles que nul ne les
sût mieux faire.

» Or je vous ai conté de ce royaume de

Fugui qui est un des neuf, et *si vous dis* que
le Grand Khan en a aussi grand droit et
grande rente et plus grande qu'il n'a du
royaume de Quinsay.

« Nous ne vous avons pas parlé des neuf
royaumes de Mangi, mais de trois seulement : ce sont *Yangui*, *Quinsay* et *Fugui*
et de ce avez vous bien entendu. Des autres
six en saurions-nous encore bien conter;
mais parce que ce serait trop lointaine matière à rappeler, nous le laisserons. Car bien
nous vous avons conté du Mangi et du Catai
et de mainte autre province, et des gens et
des bêtes et des oiseaux, et de l'or et de
l'argent, et des pierres et des perles et des
marchandises et de mainte autre chose, ainsi
que vous avez ouï. Notre livre ne contient
pas encore tout ce que nous y voulons écrire,
car il faut tous les faits des Indiens qui sont
bien chose à faire savoir à ceux qui ne les
savent pas contenant maintes merveilles,

lesquelles ne sont *en tous les autres mondes,*
et pour cela il est moult bon et profitable de
les mettre en notre livre ; et le maître les y
mettra tout apertement comme messire Marc
Pol le devise et le dicte. Et *si vous dis* tout
voirement que messire Marc demeura si
longtemps en Indie et tant en sait de ses affaires et de ses coutumes et de son commerce qu'il est clair que jamais ne fut homme
qui mieux en sût dire la vérité ».

———

J'ai laissé dire le vieux narrateur. Il m'eût
été impossible de mieux clore la carrière
qu'il vient de nous faire parcourir. Des *neuf
royaumes de la province de Mangi,* il nous
montre celui de *Yangui* dont Marco Polo
fut lui-même roi pendant trois années ; puis
celui de *Quinsay* dont la merveilleuse capitale nous a retenus si longtemps ; puis celui
de *Fugui* où se trouve le port qui ouvrit à
notre voyageur, pour son retour, le chemin
maritime de l'Inde ; puis il ajoute : « *Des*

*six autres royaumes pourrais-je encore bien
conter; mais parce que ce serait trop lointaine matière...* » Combien cette expressive
réticence ne nous fait-elle pas entrevoir de
cités, de châteaux, de populations, de
richesses.

Ce n'est pas tout : cet *épilogue* du SECOND
LIVRE de Marc Pol, est le *Prologue* de son
TROISIÈME LIVRE. Nous ne sommes pas encore
au bout de nos courses. Le *Catai* et le *Mangi*
parcourus, nous pouvions penser que notre
guide allait enfin nous ramener en cette
pauvre Europe dont depuis si longtemps
nous n'entendons plus parler. Vain espoir!
la carrière est à peine fermée, qu'une autre
carrière s'ouvre. Cette immense Asie que
les Occidentaux traitent de chimère, n'est
pas épuisée encore. Nous en avons vu les
parties centrales, septentrionales, orientales:
Marc Pol ne nous tient pas quittes qu'il ne
nous en ait fait voir aussi les parties méri-
dionales. La terre-ferme visitée, Marc Pol
ne nous tient pas quittes qu'il ne nous ait
montré de même la mer et les îles.

Vous savez dès à présent quelles nouvelles Marc Pol apportait à l'Italie en 1295.
Des à présent aussi vous pouvez concevoir
l'effet que produisirent ces nouvelles sur les
imaginations, lorsqu'à la longue, on en vint
à ne plus douter de leur authenticité ; lorsqu'on se permit enfin de songer à les vérifier :
l'enthousiasme obstiné du visionnaire Génois
doit commencer à s'expliquer pour vous.
Mais ne nous arrêtons pas : notre voyageur
est impatient de mettre à la voile.

Je vous ferai grâce de la description qu'il
donne « des nefs à quatre mâts et des bar-
ques à rames » par lesquelles « les marchands
vont et viennent en Indie » et par lesquelles
il part lui-même. « Mais je vous vais conter », comme il dit « de maintes îles qui
sont en cette mer Océane où nous sommes à
présent, et ces îles sont au levant et nous
commencerons par une île qui est appelée
Cipungu ». — Vous voyez qu'il ne s'agit
pas encore de notre départ définitif ; nous
sommes bien en mer, mais *au levant du Ca-*

tai; nous tournons encore le dos à notre pays. Au reste Cipungu vaut bien les frais d'une petite digression.

——

Cipungu.

« Cipungu, continue le narrateur, est une île qui est loin de terre en haute mer à mille cinq cents milles; c'est une moult grande île. Les gens sont blancs, de belles manières et beaux. Ils sont idres. Ils se tiennent (ils se gouvernent) par eux et n'ont aucune seigneurie de nul autre homme, que d'eux-mêmes. Et *si vous dis* qu'ils ont or en grandissime abondance, parce que l'or s'y trouve outre mesure. Et *si vous dis* que nul homme ne tire or de cette île parce que nul marchand ni nul autre homme n'y va de la terre ferme, et c'est pour cela que je vous dis qu'ils ont tant d'or.

» Je vous dis tout voirement que le seigneur de cette île a un grandissime palais, lequel est tout couvert d'or fin, qui tant vaut qu'à peine le pourrait-on compter. Et encore je vous dis que tout le paviment de sès chambres, qui sont en si grand nombre, esf aussi d'or fin bien gros de plus de deux doigts et toutes les autres parties du palais ef la salle et les fenêtres sont aussi ornées d'or. Je vous dis que ce palais est de si démesurée richesse que ce serait merveille que se pût dire sa valeur.

» Ils ont perles en abondance et *elles sont roses, moult belles et rondes et grosses* ; elles sont d'aussi grand'vaillance que les blanches. Ils ont encore mainte autre pierre précieuse assez. Cette île est si riche que pour la grand' richesse que l'on en contait au Grand Khan (c'était ce Cublai qui aujourd'hui règne), il dit qu'il la voulait prendre... » Marco Polo raconte la « déconfiture » de la flotte envoyée vers Cipangu par Cublai Khan ; Cublai fait trancher la tête aux deux commandants de l'expédition.

» Or sachez que les idres du Catai, et du Mangi et ceux de cette île sont tous d'une

même manière; et je vous dis que ces îles
et encore les autres, ont des idules qui ont
tête de bœuf ou tête de porc, ou tête de chien,
ou tête de mouton et de telle autre façon; il
y en a qui ont une tête à quatre visages, et
d'autres qui ont trois têtes, savoir une comme
il se doit, et les deux autres sur chaque
épaule; et il y en a qui ont quatre mains et
d'autres qui ont dix mains et d'autres qui en
ont mille; et ce sont les meilleures et celles
auxquelles les gens ont plus grand'révérence; les christiens (les Polo sans doute)
leur demandaient pourquoi ils faisaient leurs
idules si diversement; ils répondent : *nos
ancêtres les ont faites telles, et nous les ont
laissées telles, et nous les laisserons telles à
nos fils et à ceux qui viendront après nous.*
Les faits de ces idules sont de tant de diversités et de tant de cures (de soins) de diables,
que ce n'est pas à répéter en notre livre (1)
parce que ce serait trop mauvaise chose à

_____

(1) Marc Pol n'y regarde pas de b'en près en fait de religion; tout ce qui n'est pas chrétien ou sarrasin est *idre*.

ouïr pour les christiens; et pour cela nous laisserons ces idres...

Toutefois le chapitre LXXV, à part de curieux détails sur les prodiges des magiciens du Grand Khan, contient quelques indications sur les fêtes des idres de Cambalu. « Je vous dis encore, écrit le narrateur, que ces Basci, quand viennent les fêtes de leurs idules, s'en vont au Grand Khan et lui disent : *Sire, telle fête vient, de telle de nos idules. Vous savez, beau Sire, que cette idule a coutume de faire mauvais temps et dommage de nos choses et de nos bêtes et de nos blés, s'il ne lui est fait offrande et holocauste ; et pour ce, nous vous prions, beau Sire, que vous nous fassiez donner tant de moutons à tête noire et tant d'encens, et tant de bois aloès et tant de telle chose et de telle autre, pour que nous puissions faire grand honneur et grand sacrifice à notre idule, pour qu'elle nous sauve et nos corps et nos bêtes et nos blés...* et quand ces Basci ont reçu toutes ces choses, ils en font a leur idule grand honneur et grand chant et grand'fête ; car ils les encensent de la bonne odeur de toutes ces bonnes épices, et ils font cuire la chair, et ils en mettent devant les idules et répandent du jus çà et là, puis disent que les idules en prennent tant qu'elles veulent ; de cette manière, ils font honneur à leurs idules les jours de leurs fêtes ; car sachez tous voirement que chaque idule a la fête de son nom comme ont les nôtres.

« Ils ont de grandissimes égliges et abbayes que je vous dis qu'il y en a une grande comme une petite ville, en laquelle il y a plus de deux mille religieux selon leur coutume qui se vêtent plus honnêtement que ne font les autres hommes. Ils portent la tête rase et la barbe rase. Ils font les plus grand'fêtes à leurs idules avec plus grand chant et plus grand'lumière que jamais ne fût vu. Et encore je vous dis que ces Basci peuvent prendre femme et ainsi font-ils,

» Or sachez que cette mer Océane, là où est cette île, s'appelle la mer de *Cine*... Et il y a, selon que le disent les sages pêcheurs et les sages mariniers qui y naviguent et bien savent la vérité, *sept mille quatre cent quarante-huit îles,* lesquelles sont habitées la plupart. Et *si vous dis* qu'en toutes ces îles il ne naît nul arbre qu'il n'en vienne grande odeur et bonne et qui ne soit de grande utilité, bien aussi grande comme celle du bois aloès et plus grande; il y a maintes chères épices de plusieurs façons; et encore je vous dis qu'en ces lieux il naît poivre, blanc comme neige et aussi du poi-

ct ils ont fils assez. Et encore je vous dis qu'il est une autre manière de religion qui sont appelés *Sensi*, qui sont hommes de grande abstinence selon leur coutume... Sachez tous voirement qu'ils ne mangent en toute leur vie que du son dans de l'eau chaude. Ils jeûnent maintes fois l'an et ne mangent rien au monde que ce son. Ils ont de grandes idules assez et quelquefois ils adorent le feu... Ils portent vêtements noirs et bleus, de chanvre; et fussent-ils de soie, ils les porteraient de cette couleur. Ils dorment sur des nattes; ils font plus âpre vie qu'hommes du monde. Leurs idules sont toutes femmes, c'est-à-dire qu'elles ont toutes noms de femmes. »

vre noir en grande abondance. C'est moult grand'merveille, la grand'valeur de l'or et des autres choses qui sont en ces îles. Mais je vous dis qu'elles sont si loin que quand les nefs de *Zaiton* et de *Quinsay* y vont, il leur faut bien un an ; car elles y vont l'hiver et s'en reviennent l'été ; les vents ici ne ventent que de deux façons ; l'une qui pousse les nefs et l'autre qui les ramène ; et l'un de ces vents vente l'été, l'autre l'hiver. Or désormais je ne vous conterai plus de cette contrée ni de ces îles parce que cela nous écar-terait trop, et encore parce que nous n'y sommes pas allés. »

Retour.

Marc Pol nous ramène au port de *Zaiton* ; c'est de là que nous allons repartir, par mer, pour l'occident. « Or sachez, dit-il, que quand on part du port de Zaiton et que l'on navigue vers le couchant, il n'est aucune

chose à voir vers garbin (vers le sud-ouest)
pendant mille cinq cents milles; adonc on
trouve une contrée qui est appelée *Ciamba*
qui est terre moult riche et grande. Ils sont
idres, et ont roi pour eux, lequel paie chaque
année au Grand Khan tribut de vingt éléphants... Et *si vous dis* qu'en 1285 y fus-je
moi Marc Pol, et à ce temps ce roi avait
trois cent vingt-six enfants mâles, et il y en
avait plus de cent cinquante qui pouvaient
porter les armes... Ils ont mainte forêt de
bois d'ébène duquel se font les échecs et les
écritoires...

» Or sachez que quand on part de Ciamba
et que l'on va entre sud et sud-est mille
cinq cents milles, l'on arrive à une grandissime île qui est appelée *Java*; et selon que
les bons mariniers le disent qui bien le savent, c'est la plus grande île : elle dure bien
plus de trois mille milles ; elle est à un grand
roi ; les gens sont idres et ne font tribut à
homme du monde. Cette île est de grand'richesse. Ils ont poivre et noix musquée et

épices et *galanga* et *cubèbe* et girofle et de
toutes les épiceries du monde. Il vient en
cette île une grandissime quantité de nefs;
les marchands du *Mangi* ont déjà tiré de
grands trésors de cette île, et ils en tirent
encore tout l'or...

» Quand on part de cette île de Java, et
qu'on navigue entre le midi et le sud-ouest,
environ sept cents milles, on trouve deux
îles, une grande et une moyenne qui s'appellent *Sandur* et *Candur*. Et si de ces îles
on va au midi encore cinq cents milles, on
trouve une province appelée *Lochac* qui est
moult grande et riche. Ils ne font tribut à
personne parce qu'ils sont en tel lieu que
nul n'y peut arriver pour mal faire... En
cette province naît le brési (bois de Brésil)
en grandissime quantité. Ils ont or en si
grande abondance que nul ne le peut croire
qui ne le voit...

» Or sachez que quand l'on part de Lochac
et que l'on va cinq cents milles au midi, on
trouve une île qui est appelée *Pantam*, qui

est un bien moult sauvage lieu. La cité s'appelle *Malanir*; ils ont tous bois de grande odeur... Pendant environ soixante milles, l'on va entre deux îles qu'il n'y a que quatre pas d'eau... Trente milles plus loin vers le midi, l'on trouve une île qui est royaume et qui s'appelle *Malanir*...

» Quand on part de l'île de Pantam et que l'on va au midi environ cent milles, adonc trouve-t-on l'île de *Java la petite*; et sachez qu'elle n'est pas si petite qu'elle ne porte, de tour, plus de deux mille milles. Sachez que sur cette île, il y a huit royaumes et huit rois couronnés. Ils sont tous idres, et ont langage pour eux. En cette île, il y a grandissime abondance de trésors et de toutes chères épices et de mainte autre espèce qui jamais ne viennent en notre pays... Sachez tous voirement que cette île est tant au midi que l'étoile du nord n'y paraît ni petite ni grande.

» Or sachez qu'en un de ces huit royaumes (le royaume de *Ferlec*) il y a maisons de marchands *sarrasins* qui y sont avec leurs navires et ont converti les habitants à la loi de Mahomet, et ce sont les habitants de la ville seulement; car ceux des montagnes sont comme bêtes; je vous dis tout voirement qu'ils mangent chair d'homme...

» Quand on part du royaume de Ferlec, on entre dans celui de *Basman*... Ils ont éléphants sauvages et ils ont unicornes assez, lesquels ne sont guère moindres que les éléphants. » Marc Pol décrit le rhinocéros. « C'est, dit-il, une bête moult laide à voir. Ils ont singes, ajoute-t-il, en grandissime abondance et de maintes façons diverses. Il est à voir qu'en cette île, il y a une manière de singes qui sont moult petits et ont le visage fait de telle sorte qu'ils semblent hommes...

» Et quand l'on part de Basman, l'on trouve le royaume de *Samara* qui est en cette même île en laquelle moi, Marc Pol, je demeurai pendant cinq mois, le temps qu'il ne nous était pas permis de naviguer; et encore je vous dis que l'étoile du nord n'y paraît pas, et encore je vous dis que l'étoile du nord-ouest ne paraît ni petite ni grande. Ils sont idres et ont un roi riche et grand. Or voici comme nous passâmes nos cinq mois : nous descendîmes des nefs et nous fîmes à terre un château de bois et nous y demeurâmes par doutance de ces mauvais *hommes-bestiaux* qui mangent les hommes. Il y a poissons, les meilleurs du monde. Ils n'ont froment, mais vivent de riz. Ils n'ont vin, excepté celui que je vais dire : sachez tous voirement qu'ils ont une manière d'arbres desquels ils tranchent les branches ; puis ils mettent un grand pot au tronçon qui est resté à l'arbre ; et je vous dis qu'en un jour et une nuit, s'emplit ce pot ; et c'est moult bon vin à beire. »

Le narrateur passe au royaume de *Dagraian*. « Ils sont de cette île et ont un roi. Les gens sont moult sauvages ; ils sont idres. » Ils tuent les malades incurables ou tenus pour tels, plutôt que de les laisser

mourir : « puis, tous les parents du mort viennent, et le mangent tout entier ; et *si vous
dis* qu'ils mangent encore teute la moelle
qui est dans les os, et ils font cela pour qu'il
ne s'engendre ver... Et encore je vous dis
que s'ils peuvent prendre d'autres hommes
qui ne soient pas de leur contrée et ne se
puissent racheter, ils les tuent et les mangent
tout aussitôt. »

« *Lambri* est un autre royaume, qui a roi
pour soi ; les gens sont idres. Il y a camphre
en grande abondance et d'autres chères épices, et du brési (bois de Brésil) ; et je vous
dis qu'ils le sèment et le replantent. Et *si vous
dis* tout voirement que no us en apportâmes
de cette semence, à Venise, et le semâmes
sur la terre. *Si vous dis* qu'il ne naquit rien
e t cela arriva par le froid. Et je vous conterai encore une chose qui est bien faite pour
émerveiller. Car je vous dis tout voutrement
qu'en ce royaume il y a des hommes qui ont
queue grande de plus d'une paume et ne
sont couverts de poil, et ceux-là sont le plus

grand nombre, et ces hommes demeurent en montagnes et non pas en cités ».

Le cinquième royaume est celui de *Fansur* : « ils ont roi pour eux; ils sont idres ; en ce royaume naît le meilleur camphre. Ils ont vin d'arbre. Et *si vous dis* une autre chose que l'on peut bien compter pour merveille : sachez qu'ils ont farine d'arbre ; sachez qu'ils ont une manière d'arbres qui sont moult gros et grands; et ces arbres sont tout pleins, dedans, de farine ; sachez que ces arbres ont moult mince écorce et tout dedans est farine, et les gens en font maint mets de pâte qui est moult bon à manger; car je vous dis que nous-mêmes nous l'éprouvâmes assez, car nous en mangeâmes plusieurs fois ».

Le voyageur prend ici congé de cette île : « des autres royaumes de l'autre côté de cette île, nous ne vous en conterons rien, dit-il, parce que nous n'y fûmes point »

« Quand on part de *Java,* continue-t-il, et du royaume de Lambri et que l'on va par le nord à environ cent cinquante milles, on trouve deux îles ; l'une appelée *Nécuvéran*, et je vous dis qu'ils n'ont pas de roi et sont comme bêtes ; et je vous dis qu'ils vont tout nus, hommes et femmes. Ils sont idres ; et je vous dis que toutes leurs forêts sont de nobles arbres et de grand'vaillance... L'autre île est appelée *Angaman*, et c'est une île bien grande. Ils n'ont pas de rois ; ils sont idres. Et sachez tous voirement que les hommes de cette île ont chef (tête) comme chiens, et dents et yeux comme chiens. Car je vous dis qu'ils sont tout semblables à têtes de grands chiens mâtins. Ce sont de moult cruelles gens. Ils mangent les hommes, tous ceux qu'ils peuvent prendre pourvu qu'ils ne soient des leurs. Ils ont grande abondance de toute manière d'épiceries...

» Quand l'on part de l'île de Angaman et que l'on va environ mille milles à l'ouest-sudouest, on trouve l'île de *Seylan*, qui est tout voirement la meilleure île qui soit au monde, de sa grandeur. Elle porte de tour deux

mille quatre cents milles, et *si vous dis* qu'anciennement elle était plus grande encore,
car elle portait trois mille six cent milles selon que cela se trouve *en la mappemonde
des mariniers de cette mer...* Cette île a un
roi qui est appelé *Sendemain*; les gens sont
idres; ils ne font tribut à personne; ils vont
tout nus, fors qu'ils se couvrent leur nature... Je vous dis qu'en cette île naissent
les nobles et bons rubis; et encore y naissent
les saphirs, les topazes et les améthistes et
mainte autre bonne pierre. Et *si vous dis*
que le roi de cette province a le plus beau
rubis qui soit en tout le monde. Or sachez que
ce rubis est long, à l'entour, d'une paume, et
bien gros comme le bras d'un homme; il est
la plus resplendissante chose du monde à
voir; il n'a nulle terre; il est vermeil comme
feu; il est de si grand'vaillance qu'à peine
se pourrait-il acheter par monnaie.

» Or il est à voir qu'en cette île est une
montagne moult haute, et si escarpés en sont
les rocs que nul n'y peut monter que de

cette manière; sachez qu'à cette montagne
pendent maintes chaînes de fer de façon que
l'on y peut monter par ces chaînes. Or je
vous dis que les Sarrasins disent que sur
cette montagne est le tombeau d'*Adam*, notre
premier père, et les idres disent que c'est le
tombeau de *Sargamon Borcam*... Marc Pol
conte au long l'histoire de ce saint Indien.
« Et je vous dis, continue-t-il, que les idres
de moult lointaines contrées viennent à ce sépulcre en pèlerinage comme les christiens
vont à messire *Saint-Jacques.*

» Quand on part de l'île de Seylan et que
l'on va vers le couchant environ soixante
milles, on trouve la grande province de
Maabar qui est appelée l'Inde majeure, et
c'est la meilleure Inde qu'il y ait, et elle est
de terre ferme. Et sachez qu'en cette province
il y a cinq rois qui sont frères charnels. Or
sachez que de ce côté de la province règne
un de ces frères qui a nom *Senderbandi
Davar*; et en son royaume se trouvent les
perles *moult grosses et bonnes et belles*, et

je vous dirai comment les perles se trouvent et se prennent. » Marc Pol désigne comme lieu de pêche « un lieu qui s'appelle *Bettalar*, à soixante milles en mer. Les marchands « achètent des hommes à loyer » pour aller sous l'eau, « à quatre pas, à cinq, à douze; » ceux-ci « y demeurent le plus qu'ils peuvent, et quand ils sont au fond de la mer, ils trouvent coquilles qu'on appelle ostriges (huîtres) de mer et en cette ostrige se trouvent perles grosses et menues et de toutes façons. Car les perles se trouvent en la chair de ces coquilles. » Entre autres frais, les marchands ont à payer « ceux qui *enchantent* les poissons pour qu'ils ne fassent pas de mal aux hommes qui vont sous l'eau chercher les perles. Et ceux-là n'enchantent les poissons que pour le jour seulement ; car la nuit ils rompent les enchantements, *si bien que les poissons en peuvent faire alors à leur volonté.* »

» Et *si vous dis* qu'en toute cette province de Maabar, il n'y a métier pour tailler

8

ou coudre drap, parce qu'ils vont tous nus,
en tout temps de l'année, fors qu'ils se couvrent leur nature d'un peu de drap tant seulement; et ainsi va le roi comme les autres,
fors qu'il couvre sa nature de beau drap; il
a au cou un collier tout plein de pierres précieuses; ce sont rubis, et saphirs, et émeraudes et autres chères pierres; et encore lui
prend au cou, par-devant, une fine corde
de soie, longue d'un pas, et portant cent
quatre perles moult grosses et belles, et des
rubis de grand'vaillance; car il faut que chaque jour, matin et soir, ils disent cent quatre
oraisons en l'honneur de ses idoles : ainsi le
commande leur foi. Je vous dis encore que
le roi porte au bras trois bracelets pleins de
très-chères pierres et de perles moult grosses; et, encore, sachez que ce roi porte, aux
jambes, trois bracelets d'or tout couvert de
très-chères perles et de pierres. Et que vous
en dirai-je? sachez tout voirement que ce
roi porte tant de pierres et de perles qui bien
valent plus d'une cité, qu'il n'est personne

qui pût en dire le nombre. Sachez tout voirement que ce roi a bien cinq cents femmes... »

Entre autres usages notables, les con-
damnés à mort ont ici la liberté de s'immo-
ler eux-mêmes aux dieux du pays. « Je
vous dirai, continue Marc Pol, qu'en ce
royaume il y a encore une autre coutume :
c'est que, quand un homme est mort et que
son corps est fait brûler, sa femme se jette
en feu même, et se fait brûler avec son mari;
et les dames qui font cela sont moult louées
des gens. Et, encore, je vous dis que les
gens de ce royaume adorent les idules, et
plusieurs adorent le bœuf, et nul n'en man-
gerait pour rien au monde. Sachez que le
roi et les barons, et les autres gens s'assayent
à terre... Ils n'occient (ils ne tuent) nulle
bête ni nul animal; mais, quand ils veulent
manger chair de mouton, ou de quelqu'autre
bête, ou oiseau, ils le font occir à des Sarrasins et à d'autres gens qui ne soient pas de
leur loi. Et encore je vous dis qu'ils ont
pour coutume que tous hommes et femmes,

se lavent chaque jour deux fois, en eau, tout leur corps ; c'est le matin et le soir ; et, autrement, ils ne mangeraient ni ne boiraient avant que ne soient lavés, et celui qui ne se lave pas deux fois le jour, est tenu comme nous tenons les hérétiques.

Il y a là si grand'chaleur que c'est merveille ; il n'y a pluie que de juin en août. Et encore, je vous dis qu'il y a, dans ce pays, maint homme sage d'un art qui s'appelle physionomie. C'est de connaître les hommes et les femmes, leurs qualités et s'ils sont bons ou mauvais, et cela en voyant l'homme ou la femme. Ils savent beaucoup ce que signifie de rencontrer oiseau ou bête... Et encore je vous dis qu'ils ont mainte idule en leurs églises, mâles et femelles, auxquelles idules sont offertes maintes demoiselles, qui tantôt y viennent, et chantent, et dansent, et font grand'fête ; et ce sont grandes quantités de demoiselles... Et, encore, sachez que par ce royaume et par toute Indie, ils ont toutes bêtes et tous oiseaux différents des nôtres. »

Mais c'en est assez sur la province de Maabar. « Quand l'on part de cette province, et que l'on va par le nord environ mille milles, on trouve le royaume de *Muftili*. Ce royaume a une reine qui est moult sage dame. Car je vous dis que, depuis quarante ans que son baron mourut, cette reine a bien maintenu son règne à grand'justice... Ils sont idres et ne font tribut à personne. Et, en ce royaume, se trouvent les diamants, en plusieurs montagnes. Et *si vous dis* qu'il y a si grand'multitude de serpents, dans ces montagnes, que les hommes n'y peuvent aller, sinon avec grand'doutance... Et sachez qu'en tout le monde il ne se trouve de diamants qu'en ce royaume seulement. Mais là, ils se trouvent en grande quantité et bons. Et ne croyez que les bons diamants viennent en notre contrée de Christiens, mais ils vont et sont portés au Grand Khan, et aux rois et barons de ces diverses régions et royaumes; car ceux-là ont le grand trésor, et ils achètent toutes les chères pierres. Sachez qu'en ce royaume se font les meilleures bougrans, et les plus beaux et les plus fins qui soient au monde; il n'y a roi ni reine qui ne les vêtît. Ils ont bestiaux assez, et les plus grands moutons du monde. »

Le chapitre suivant est consacré « au lieu où gît le corps de messire *saint Thomas,* apôtre; » bien est-il vrai, dit le voyageur, « que maint Christien et maint Sarrasin y viennent en pèlerinage; les Sarrasins disent qu'il fut Sarrasin, et ils l'appellent *Aneiran,* qui veut dire saint homme. Or, sachez que les Christiens qui vont là en pèlerinage, prennent de la terre de ce lieu; et cette terre, ils l'apportent en leur pays et en donnent un peu à boire au malade qui a la fièvre quarte ou tierce; et, aussitôt que le malade l'a bue, il est guéri. Et sachez que cette terre est rouge...

» Sachez que les hommes de ce pays, quand ils vont à l'armée, parce qu'ils ont grand'foi au bœuf et le tiennent pour une sainte chose, prennent du poil de bœuf sauvage, le

mettent à la tête de leur cheval ou sur leur
écu. Sachez que, pour cette raison, le poil
de bœuf sauvage y vaut assez; car ne se
tient assuré qui n'en a.

» *Lar* est une province qui est vers le
couchant quand l'on part du lieu où gît saint
Thomas l'apôtre; et de cette province sont
nés tous les *Abriamans* du monde; et *si vous
dis* que ces Abriamans sont des meilleurs
marchands du monde et des plus véritables,
car ils ne diraient mensonge pour rien au
monde. Ils ne mangent chair ni ne boivent
vin. Ils font honnête vie selon leur usance...
Ces Abriamans sont idres ». Marc Pol raconte comment ils se règlent dans leurs mar-
chés sur les mouvements des oiseaux ou des
insectes, sur la longueur de l'ombre, etc.
« Ils ont entre eux des religieux qui sont
appelés *Cuigui* qui vivent plus que les autres;
car ils vivent de cent cinquante à deux cents
ans. Et je vous dis qu'ils prennent du vif argent et du soufre, et les mêlent et en font
breuvage, et le boivent par chaque mois

deux fois... Et, encore, sachez qu'en ce
royaume de Maabar, il y a des religieux qui
sont d'aussi grand'abstinence, et d'aussi
forte et âpre vie que je vais le dire : car sachez, de vrai, qu'ils vont tous nus, qu'ils
ne portent nulle chose sur eux, si bien qu'ils
ne se couvrent pas leur nature ni nul mem-
bre. Ils se gardent de toute créature du
monde et de ne faire chose dont ils croient
que ce serait péché, car ils se laisseraient
mourir avant que de faire chose qu'ils croient
être péché. — Nous allons nus, disent-ils,
parce que nous ne voulons nulle chose de ce
monde, parce que nous venons en ce monde
sans nul vêtement et nus; et si nous n'avons
nulle vergogne de montrer nos membres,
c'est que nous ne faisons nul péché par eux.
— Et je vous dis encore qu'ils n'occiraient
nulle créature ni nul animal au monde, ni
mouche, ni puce, ni pou, ni nul ver parce qu'ils
disent qu'ils ont âme. Et je vous dis encore qu'ils
dorment sur terre tous nus, sans rien tenir
dessus ni dessous, et c'est bien grand'mer-

veille qu'ils ne meurent pas et vivent si longuement. Ils jeûnent toute l'année et boivent de l'eau et rien autre chose...

» *Cail* est une noble cité et grande. Sachez voirement qu'à cette cité font par toutes les nefs qui viennent du couchant, c'est-à-dire de *Cormose* (Ormus), de *Gisci*, et d'*Adem* et de toute l'Arabie. Le roi est moult riche en trésors, et porte sur soi maintes riches pierres précieuses ; et je vous dis que les marchands y viennent moult volontiers, à cause de ce bon roi qui maintient son règne en grande justice et grande droiture ; et bien est-il vrai qu'ils y font grand profit. Et je vous fais encore savoir que ce roi a bien trois cents femmes et plus.

» *Coilom* est un royaume que l'on trouve au sud-ouest quand l'on part de Maabar et que l'on va à cinq cents milles. Les gens sont idres ; et, encore, il y a Christiens et Juifs. Il y naît, le brési et le poivre en grande abondance ; et je vous dis que les arbres, qui font le poivre, se plantent, et s'arrosent et sont arbres domestiques. Ils ont inde (indigo) en abondance, et moult bon, et je vous dis qu'il se fait d'herbe... Et, encore, je vous fais savoir qu'à ce royaume viennent nefs marchandes de Mangi, et d'Arabie et du Levant. Il y a maintes diverses bêtes, différentes de toutes les autres du monde ; il y a lions noirs, sans nulle autre couleur ni signe ; il y a papagaux (perroquets) blancs comme neige, et ils ont les pieds et le bec vermeil ; et, encore, il y en a de vermeils et blancs qui sont la plus belle chose du monde à voir. Il y en a aussi de moult petits et aussi sont moult beaux. Il y a encore paons beaucoup plus beaux et plus grands, et faits d'autre façon que les nôtres. Ils ont gelines différentes des nôtres, et que vous dirais-je ? *ils ont toutes choses différentes des nôtres, et elles sont plus belles et meilleures,* car il n'ont nul fruit semblable aux nôtres, ni nulle bête ni nul oiseau ; et cela advient par la grand' chaleur qu'il y a. Ils font vin de sucre, et ce vin fait devenir l'homme ivre plutôt que ne

le ferait vin de vigne. Ils ont assez d'astrologues, et de bons. Ils ont des médecins qui
bien savent garder le corps des hommes en
santé. Ils sont tous noirs, hommes et femmes
et vont tous nus, fors qu'ils se couvrent leur
nature avec du moult beau drap.

» *Comari* est une contrée de Indie même.
L'étoile du nord que nous n'avons pas vue
de *Java* jusqu'ici, si l'on va à trente milles
en mer, paraît au-dessus de l'eau, à la hauteur d'une coudée; il y a des bêtes de diverses
façons et principalement des singes. Il y en
a de si diversement faits que vous diriez que
ce soient hommes...

» *Eli* est un royaume vers le couchant, à
environ trois cents milles de Comari. Les
gens sont idres, ont roi et langage pour eux
et ne font tribut à personne. Il y naît poivre
et gingembre en abondance. » Tous les navires qui touchent cette terre sont confisqués
par le roi. « Vous vouliez aller autre part,
dit-il aux marchands qu'il dépouille; mais ma
bonne aventure et ma bonne chance vous ont

conduits ici, par quoi je dois avoir votre
avoir. »

« *Mélibar* est un grandissime royaume
vers le couchant. Les gens sont idres, et ont
roi pour eux. En ce royaume paraît davantage l'étoile du nord, si bien qu'il semble
qu'elle soit haute sur l'eau de deux coudées.
Et sachez que de cette Mélibar et d'une autre
province qui est auprès et est appelée *Guzu-*
rat, il sort chaque année plus de cent navires
en cours qui vont prenant les autres nefs et
pillant les marchands ; car ils sont grands
larrons de mer... En ce royaume, il y a
grandissime quantité de poivre, et de gingembre et de cannelle et de turbith, et de noix
des Indes. Et sachez qu'il y vient des nefs
de maintes parties, et même de la grande province du Mangi... Sachez aussi que nous ne
vous contons de toute les villes des royaumes
parce que ce serait trop longue matière.

» *Guzurat* est encore un grand royaume ;
les gens sont idres, et ont roi et langage
pour eux ; ce royaume est vers le couchant ;

et l'étoile du nord y paraît encore davantage, car elle semble être à la hauteur de six coudées. Ils sont encore en ce royaume les plus grands corsaires du monde. Ils ont poivre, gingembre, indigo en grande abondance. Ils ont assez de bombace (coton); car ils ont les arbres qui font la bombace moult grands, qui sont hauts de six pas, et ont bien vingt ans; mais est-il bien vrai que quand ils sont si vieux, ils ne font bombace qui soit bonne à filer... En ce royaume se fait une moult grande quantité de cuir. Et encore je vous dis qu'en ce royaume il se fait maintes belles nattes de cuir vermeil entaillé à oiseaux et à bêtes, et ces nattes sont cousues avec fil d'or et d'argent moult savamment; elles sont si belles que c'est merveille à voir; et entendez que ce sont cuir où les Sarrasins dorment dessus et c'est un trop bon dormir; il s'y fait encore des coussins si beaux, cousus avec or, qui valent bien six marcs d'argent...

» *Tana* est un grand royaume, vers le couchant, moult grand et bon. Les gens sont

idres : ils ont rois. Il n'y naît poivre ni autre
épicerie comme en les précédentes provinces.
Encens y naît assez, mais il n'est point
blanc mais embrunné...

» *Cambact* est un grand royaume vers le
couchant. Ils sont idres ; ils ont roi et langage pour eux, et de ce royaume se voit
davantage l'étoile du nord. Car sachez que
tant plus vous irez désormais vers le couchant, tant mieux vous verrez l'étoile du
nord. Il y a laine et coton en grande quantité... Et sachez que ce royaume n'a pas de
corsaires ; mais ils vivent de marchandise et
d'art, et sont bonnes gens...

» *Semenat* est un grand royaume vers le
couchant. Les gens sont idres ; ils ont roi et
langage pour eux ; ils ne chassent point en
mer, mais ils vivent de marchandise et d'art
comme bonnes gens doivent faire...

» *Kesmacoram* est un royaume qui a roi
et langage pour soi. Les gens sont idres...
Et je vous dis que ce royaume est la dernière
province de Indie, en allant entre l'ouest et

le sud-ouest. Car sachez que de Maabarjus-
qu'à ce royaume est la greigneure Inde (la
plus grande Inde) et la meilleure qui soit au
monde ; et ainsi sachez tout voirement que
nous vous avons conté de cette grande Inde,
seulement les provinces qui sont sur la mer ;
car de celles qui sont en fraterre (en terre
ferme) nous ne vous en avons pas parlé,
parce que ce serait trop longue matière. »

Marc Pol rapporte ici ce qu'il a entendu
dire au sujet de deux îles situées à cinq
cents milles au midi de Kesmacoram, où les
habitudes de la pêche séparent, pendant une
partie de l'année, les hommes et les femmes ;
puis à cinq cents milles au midi de ces deux
îles, il nous en montre une autre : l'île de
Scotra ou *Socotora* : « Sachez, dit-il, que
les gens de cette île sont christiens baptisés
et ont archevêque. Cet archevêque, ajoute
le voyageur, n'a que faire avec l'*apostole*
de Rome ; mais je vous dis qu'il est soumis
à un archevêque qui demeure à *Baudac*....
Et tout ce clergé n'est pas obéissant à l'Eglise

de Rome, mais il est tout obéissant à ce grand prélat de Baudac qu'ils ont pour pape. Et *si vous dis* que les christiens de cette île sont les plus sages enchanteurs qui soient dans le monde. Car je vous dis que si un navire va à voile et à bon vent, ils lui feront venir un autre vent contraire et vous le feront tourner en arrière; ils font venter le vent qu'ils veulent : ils font la mer calme quand ils veulent » — tout cela malgré leur archevêque, comme l'observe Marc Pol. « Ils savent faire maints autres enchantements merveilleux, lesquels il ne fait bon raconter en ce livre... Il y a de l'ambre en grande quantité. Ils ont grande quantité de poissons salés, grands et bons. Ils vont tout nus, à la manière des autres Indiens idres. Et encore je vous dis qu'à cette île viennent maintes nefs de corsaires et ils y comptent, et ils y vendent toutes les choses qu'ils ont pillées... »

De Socotora, le narrateur nous transporte « à environ mille milles vers le midi » à l'île

de *Madeiyascar*. « Ils sont sarrasins, dit-il.
Ils adorent Mahomet. Et sachez que cette île
est des plus nobles îles et des plus grandes
qui soient en ce monde ; car je vous dis que
l'on dit qu'elle porte bien de tour quatre
mille milles. Et sachez qu'*en tout l'autre
monde* il ne se vend ni ne s'achète tant de
dents d'éléphants comme il se fait en cette île
et en celle de *Zanghibar*... Ils ont assez
d'ambre, parce qu'en cette mer il y a baleine
en grande abondance ; les marchands y font
grand profit et grand gain ; et *si vous dis*
que les nefs ne peuvent aller davantage vers
le midi aux autres îles, excepté à celle-ci et
à celle de Zanghibar, parce que la mer y
court vers le midi, de sorte qu'à grand'peine
s'en pourraient-ils revenir. Et *si vous dis*
que les nefs qui y viennent de Maabar,
viennent à cette île en vingt jours, et quand
elles retournent à Maabar, il faut qu'elles
aillent trois mois ; et cela advient parce que
le courant va toujours vers le midi. Et encore sachez tout voirement qu'en ces autres

Îles qui sont en si grande quantité vers lo midi, où les nefs ne vont pas volontiers, les hommes disent que là se trouvent les oiseaux griffons... Et bien est-il vrai que le Grand Khan y envoya ses messages pour s'informer de ces étranges îles; et *si vous dis* que le messager rapporta au Grand Khan, des dents de sanglier sauvage démesurément grandes; et *si vous dis* que le Grand Sire en fit peser une qui pesait bien quatorze livres; or vous pouvez savoir combien fut grand le sanglier qui telle dent avait... Il y a girafes assez et ânes sauvages aussi. Il y a bêtes et oiseaux si différents des nôtres, que ce serait merveille à entendre dire et plus grande à voir.

» *Zanghibar* est une île moult grandissime et belle. Elle porte bien de tour deux mille milles. Les gens sont tous idres, ils sont si gros et si membrus qu'ils semblent géants; ils sont démesurément forts; ils mangent bien nourriture comme cinq. Ils sont tout noirs et vont nus, fors qu'ils se couvrent leur nature. Ils ont les cheveux si crépus, qu'à peine avec l'eau les pourrait-on faire étendre. Ils ont si grand'bouche et le nez si rebuffe et les lèvres et les yeux si gros qu'ils sont moult horrible chose à voir ; car qui les vit en une autre contrée, dirait que ce sont diables, et encore je vous dis que les femmes de ce pays sont moult laide chose à voir... Il y naît éléphants assez, et lions et léopards ; et que vous en dirai-je ? *Ils ont toutes bêtes différentes de tous les autres mondes.* Il y naît encore girafe assez ; elle est faite en telle manière que je vous conterai : or sachez qu'elle a court corsage et est basse par derrière ; car les jambes de derrière sont petites et elle a les jambes de devant et le cou moult grands ; si bien que sa tête est bien haute de terre d'environ trois pas. Elle a petite tête e ne fait nul mal ; elle est de couleur toute rouge et blanche, à roelles, et c'est moult belle chose à voir.

» Et sachez que nous ne vous avons conté des îles de l'Inde que des plus nobles ;

car il n'y a nul homme au monde qui de toutes les îles de l'Inde pût conter la vérité. Et
sachez tout voirement qu'en cette mer de
l'Inde, il y a *douze mille sept cents îles* qui
sont habitées, ou inhabitées, selon que le montre le compas et l'écriture des sages marins qui
demeurent en cette mer de l'Inde. L'*Inde
majeure* est de *Maabar* à *Kesmacoram*, qu'il
y a treize royaumes grandissimes, desquels
nous en avons cité dix. L'*Inde mineure* est
de *Zinaba* à *Montifi*, qu'il y a huit grands
royaumes; et toutefois entendez que je ne
vous parle pas de ceux des îles, qui sont
une grandissime quantité de royaumes. Or
nous vous conterons de l'*Inde moyenne*.

» Sachez qu'*Abasce* est une grandissime
province; que le plus grand roi de cette
province est Christien, et, des six autres
rois qui lui sont soumis, trois sont Christiens et trois Sarrasins. Les gens Christiens de cette province ont trois signes au
milieu du visage; l'un du front au milieu
du nez, et un à un à chaque joue et ces

signes sont faits avec fer chaud, et c'est
leur baptême... Ils ont des éléphants, mais
non pas qui y naissent; mais les girafes
y naissent bien, et ils en ont en grande
abondance. Ils ont une grande autruche qui
n'est guère moindre qu'un âne. Ils ont assez
de papagaux (perroquets), et de beaux; ils
ont des singes de plusieurs manières. » Le
voyageur passe à la province d'*Aden*.

» Or, sachez qu'en cette province d'Aden,
il y a un seigneur qui est appelé le soudan
d'Aden. Les gens sont tous Sarrasins qui
adorent Mahomet et veulent trop grand'mal
aux Christiens. Il y a mainte cité et maint
château. En cet Aden est le port où les nefs
de Indie viennent avec toutes leurs marchandises; et de ce port les marchands mettent les marchandises en d'autres nefs plus
petites qui vont par un fleuve, pendant environ sept journées; et au bout de ces sept
journées les marchandises se débarquent et
se chargent sur des chameaux, et se portent
à environ trente journées. Au bout de ces

trente journée, elles trouvent le fleuve
d'Alexandrie (le *Nil*), et par ce fleuve elles so
portent, après, facilement jusques à *Alexandrie* ; et par cette manière et par cette voie,
de Aden, les Sarrasins d'Alexandrie reçoi-
vent le poivre et les épiceries, et les chères
marchandises. Et de ce port d'Aden vont
les nefs avec maints marchands et maintes
marchandises par les îles de Indie. Et,
encore, je vous dis que les marchands de
cette partie emportent en Indie maints beaux
dextriers arabes de grand'vaillance, dont ils
font grand profit. »

Suivent quelques détails sur *Escier*,
« grandissime cité, vers le nord-ouest, à
quarante milles du port d'Aden ; » cité musulmane comme toutes les cités de l'Arabie ;
sur *Dufar*, « belle cité grande et noble, »
qui est à cinquante milles, nord-ouest, de la
précédente (1) ; puis sur *Calatu*, « grande

(1) « Or je vous dis qu'il y naît encore encens assez bon ;
ce sont arbres pas trop grands et comme petits sapins. Ils
les tranchent avec le couteau en plusieurs parties et par
ces tranchées sort l'encens et il en sort encore par l'arbre
même sans tranchée par la grand'chaleur qu'il y a. »

cité qui est sur la mer, à l'entrée du golfe de
Cormos (Ormus), à soixante milles de Dufar;
après quoi notre Guide nous fait enfin entrer au port.

» *Cormos*, dit-il, est une grande cité et
noble, qui est sur la mer; la chaleur y est
moult grande... » Puis il ajoute : « Puisque
nous vous avons conté toute l'affaire de cette
contrée, nous en partirons *et nous vous conterons de la Grande Turquie.* »

Cette fois, nous laisserons partir l'infati-
gable voyageur, sans le suivre. C'est bien
assez, après tant de courses et tant de fati-
gues, d'avoir à revenir chez nous, de cette
ville d'*Ormus*, sans nous hasarder à remon-
ter encore vers la *Laponie*, à travers la
Grande Turquie et la *Rossie* qui est, dit
Marc Pol, « une grandissime province vers
le Nord. Les habitants sont christiens et
tiennent la loi grecque. Ils ont plusieurs rois
et ont langage pour eux. Ils sont moult sim-

ples gens, mais ils sont moult beaux, et mâles et femmes ; car ils sont tous blancs et
blonds. Ils ne donnent tribut à personne,
fors à un roi du couchant qui est Tartare et
a nom *Tractatai* ; ils ont moult fourrures
chères... Et encore je vous dis qu'ils ont
mainte *argentière* où il y a argent assez. Il
n'y a autre chose à citer, sinon qu'en Rossie
est le plus grand froid qui soit au monde, et
à peine y échappe-t-on. »

FIN.

Limoges. — Imp. E. ARDANT et Cⁱᵉ.

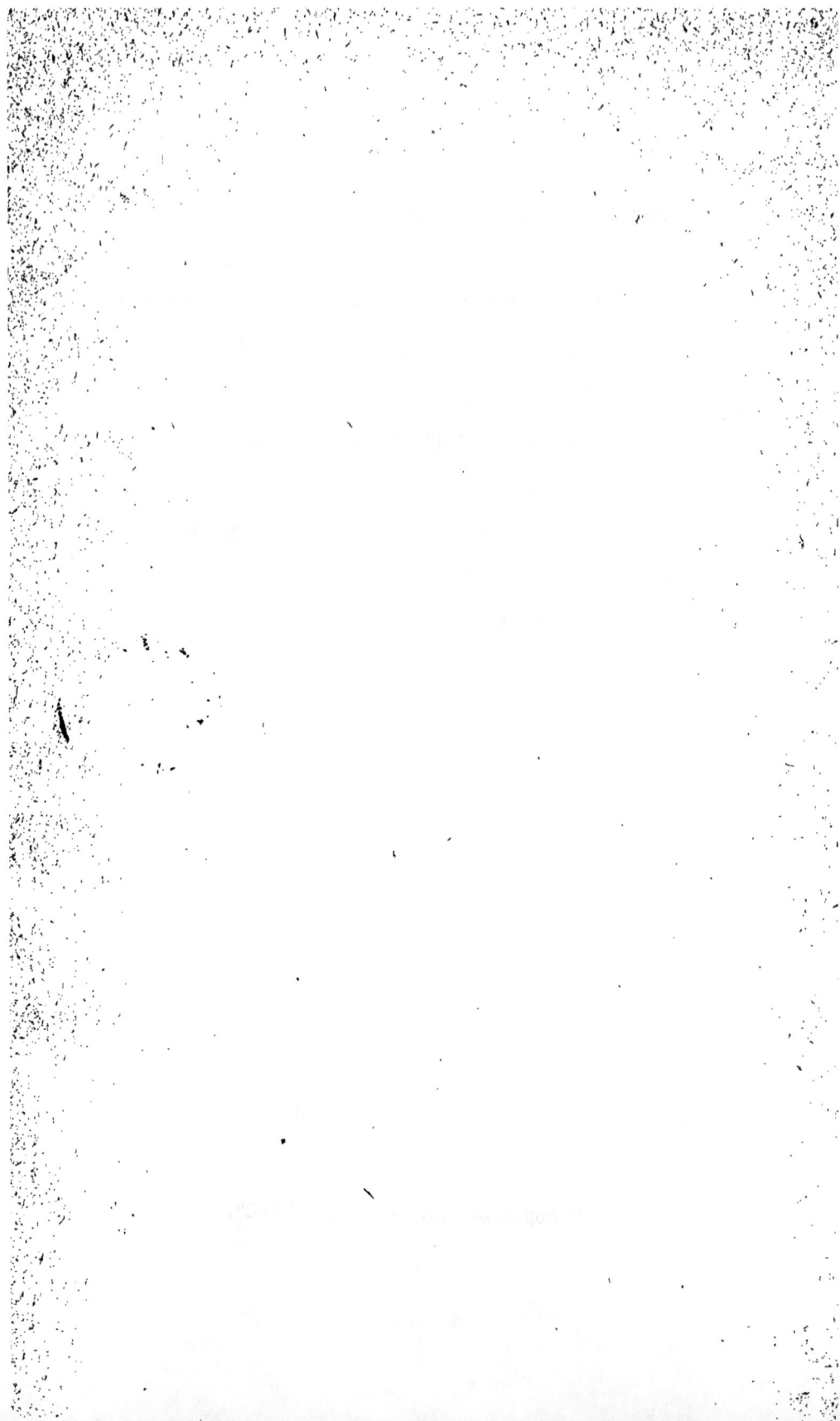

www.ingramcontent.com/pod-product-compliance
Lightning Source LLC
Chambersburg PA
CBHW070412090426
42733CB00009B/1632